Gabelfood

Patrick Coudert

Gabelfood

SÜDWEST

Inhalt

Womit man Gäste verblüffen kann

Nach dem Erfolg meines Buchs »99 Rezepte löffelweise« wurde von verschiedenen Seiten der Wunsch an mich herangetragen, Rezepte für Gerichte zusammenzustellen, die man mit der Gabel verzehren kann. Nicht mit Messer und Gabel, sondern einfach nur mit der Gabel, und schon gar nicht mit den Fingern!

Die Darbietung und das Genießen also einmal anders, aber nicht die Zubereitung. Hochwertige Rezepte der französischen Küche, basierend auf frischen Zutaten der Saison, sind hier ebenfalls die Basis des Erfolgs. Kreativ kochen ist etwas, was man ganz einfach lernen kann. Die in diesem Buch vorgestellten Rezepte lassen sich problemlos nachvollziehen, und dabei wird der eine oder andere feststellen, dass Kochen gar nicht schwierig ist. Im Gegenteil, wenn man das Gefühl für die benötigten Zutatenmengen und ihr Verhältnis zueinander hat, macht es richtig Spaß, mit regionalen Produkten der jeweiligen Saison zu »experimentieren«. So kann man auf persönliche Vorlieben Rücksicht nehmen und die Gäste umso mehr erfreuen.

In diesem, seinem zweiten Buch verrät der Sternekoch Patrick Coudert die kleinen Glanzstücke aus seiner Rezeptesammlung.

Gelegenheiten, um Gabelbissen anzubieten, gibt es zuhauf. Denken Sie bloß an alle Situationen, bei denen man eigentlich nur eine Hand frei hat zum Essen. Gabelbissen lassen sich bequem in den Mund führen, ohne etwa ein Sektglas aus der Hand stellen zu müssen. Gabelbissen sind also ideal für Parties aller Art, im Garten, auf der Dachterrasse, ja selbst beim Picknick kommt die Art des Essens gut an. Oder Sie verbringen einen gemütlichen Fernsehabend mit Freunden und Familie und wollen es dabei möglichst leger haben. Das Gute an Gabelbissen ist: Man macht sich die Finger nicht schmutzig.

Bei der Präsentation der Speisen mit Gabeln kann man zudem seiner Phantasie freien Lauf lassen. Ob auf einfarbigen oder bunten Tellern bzw. Platten angerichtet wird, ob mit oder ohne Servietten, mit Blättern von Bäumen und Sträuchern oder mit exotischen Früchten dekoriert wird, die Speisen werden garantiert Aufmerksamkeit auf sich ziehen. Mit Gabeln können Sie zudem schöne Muster auf großen Platten legen. Auch können Sie unterschiedlich große Gabeln verwenden und legen diese nebeneinander, nach Größe gestaffelt, oder über Kreuz auf Portionsteller.

Dabei kommt es gar nicht darauf an, Gabeln nur von einer Besteckgarnitur anzubieten. Endlich ist die Zeit gekommen für all jene Gabeln, die man schon vor Jahren von der Verwandtschaft geerbt, von Freunden geschenkt bekommen oder sich selbst einmal aus einer Laune heraus zugelegt hat, einfach, weil sie schön sind. Ob aus Silber, Edelstahl, Kunststoff oder gar Holz, Gabeln können einen richtigen Sammelwert bekommen.

Sie merken, ich komme aus dem Schwärmen nicht mehr heraus. Dabei will ich auch jenen danken, die am Zustandekommen dieses Buchs so tatkräftig mitgeholfen haben. Allen voran meiner Frau Gaby, die in vielen Stunden am Computer meine Hieroglyphen entziffert und mein französisches Deutsch in verständliche Worte gefasst hat. Sie gab mir viel Unterstützung, Kraft und Motivation.

Höchste Qualität, die Frische der Zutaten und wenige kleine Kniffe in der Zubereitung sind das einfache Geheimnis dieser Rezepte.

So, nun bleibt mir nur noch, Ihnen viel Spaß beim Kochen zu wünschen.

Bon Appétit
Ihr
Patrick Coudert

Gabelhäppchen vegetarisch

Auberginenkaviar, Camembert mit Feigen oder Avocadomousse auf Pumpernickel sorgen hier für vegetarischen Genuss. Die Rezepte im folgenden Kapitel überzeugen durch frisches Gemüse, hochwertigen Käse, schmackhafte Teigzubereitungen sowie reichlich Kräuter und Gewürze.

Avocadomousse

auf Pumpernickel

Für 6 Portionen

Für die Mousse:
150 g Avocado
1 EL Zitronensaft
2 Blatt Gelatine
2 EL trockener Sherry
1 TL Dijon-Senf
1 TL Olivenöl
Salz, Pfeffer aus der Mühle
150 g Sahne
Außerdem:
1 Rolle Pumpernickeltaler

Zubereitungszeit: *30 Minuten*
Kühlzeit: *30 Minuten*

Von der Sonne verwöhnte, ausgereifte Avocados haben das beste Aroma.

Das Fruchtfleisch der Avocado pürieren. Den Zitronensaft unterrühren, damit sich das Püree nicht verfärbt.

Die Gelatineblätter in wenig kaltem Wasser einweichen. Den Sherry erhitzen. Die Gelatine ausdrücken, zum Sherry geben und rühren, bis sie sich aufgelöst hat. Lauwarm unter das Avocadopüree mischen.

Den Senf und das Olivenöl unterrühren. Mit Salz und Pfeffer würzen.

Die Sahne mit den Quirlen eines Handrührgeräts steif schlagen und unter das Püree heben.

Die Mousse in einen Spritzbeutel füllen und auf die Pumpernickeltaler spritzen. Für etwa 30 Minuten zum Festwerden in den Kühlschrank stellen.

Tipp
Voll ausgereifte Avocados weisen ein butterweiches Fruchtfleisch mit leicht nussigem Geschmack auf. Im Handel angebotene Avocados sind zuweilen noch etwas hart, und es empfiehlt sich, die Früchte ein paar Tage vor dem Verzehr zu kaufen. In Zeitungspapier eingewickelt, wird das Fruchtfleisch dann schön weich.

Pumpernickeltaler

gefüllt mit Gorgonzolamousse

Für die Mousse Gorgonzola und Butter in einer Schüssel bei Zimmertemperatur weich werden lassen und mit einem Holzlöffel miteinander verrühren.

Petersilie, Portwein, Salz und Pfeffer zugeben. Alles verrühren, bis eine homogene Masse entsteht. Die Mousse in einen Spritzbeutel füllen.

Auf die Hälfte der Pumpernickeltaler jeweils einen Tupfen von etwa 30 Gramm Mousse setzen und mit jeweils einer der restlichen Brotscheiben bedecken. Mit Gabeln auf einer Platte anrichten und servieren.

Für 10 Stück

Für die Mousse:
250 g Gorgonzola ohne Rinde
50 g Butter
1 EL gehackte Petersilie
1 EL Portwein
Salz, Pfeffer aus der Mühle
Außerdem:
20 runde Scheiben Pumpernickel

Zubereitungszeit: *25 Minuten*

Die Pumpernickeltaler sind auch ohne »Deckel« sehr reizvoll.

Warmer Ziegenkäse
auf Toast

Für 4 Portionen

Für den Belag:
2 Eier
2 EL Mehl
50 g Semmelbrösel
1 TL Thymianblättchen
4 kleine Ziegenkäse
Pfeffer aus der Mühle
Außerdem:
4 Scheiben Toastbrot
2 EL Olivenöl

Zubereitungszeit: *15 Minuten*

Den Backofen auf 130 °C (Umluft 110 °C, Gas Stufe 1) vorheizen.

Die Eier in einem tiefen Teller aufschlagen und mit einer Gabel verquirlen. Das Mehl auf einen zweiten Teller geben. Die Semmelbrösel und die Thymianblättchen auf einem dritten Teller vermischen.

Den Ziegenkäse pfeffern, in Mehl wälzen, in der Eimasse drehen und in der Semmelbrösel-Thymian-Mischung wenden. In ein feuerfestes Geschirr legen und für 6 Minuten in den Backofen geben.

Inzwischen das Toastbrot mit einer Tasse oder einem großen Ausstecher rund ausstechen. Das Olivenöl erhitzen und die Brotscheiben darin goldbraun braten.

Den Käse auf die Toastscheiben legen, mit Gabeln anrichten und warm servieren.

Info
Bei der geringen Temperatur im Backofen schmilzt der Käse nicht.

Frischer Thymian ist auf den knusprigen Ziegenkäsetalern das Tüpfelchen auf dem i.

Camembert und Feigen

in Balsamicoessigmarinade

Den Camembert in gabelbissengerechte Stücke schneiden. Die Feigen waschen und in dünne Scheiben schneiden. Die Petersilie waschen und trockenschwenken.

In einer kleinen Schüssel Noilly Prat, Orangensaft und Balsamicoessig miteinander verrühren. Die Käsestücke und die Feigenscheiben darin marinieren.

Jeweils ein Stück Käse und eine Scheibe Feige auf einer Gabel anrichten. Mit Salz und Pfeffer würzen. Die Gabeln auf einer runden Platte arrangieren und mit der Petersilie dekorieren.

Für 4 Portionen

1 Camembert aus der Normandie (250g)
4 frische Feigen
Für die Marinade:
4 EL Noilly Prat oder trockener Vermouth
3 EL Orangensaft
2 EL Balsamicoessig
Salz, Pfeffer aus der Mühle
Zum Dekorieren:
frische Petersilie

Zubereitungszeit: *15 Minuten*

Frische Feigen, egal ob mit grüner oder violetter Haut, sollten möglichst bald verzehrt werden, da sie schnell verderben.

Kleine Sandwiches

mit Basilikum und Quark

Für 6 Portionen

Für den Belag:
1 Bund Basilikum
1 EL Zitronensaft
200 g Quark
Pfeffer aus der Mühle
50 g gesalzene Butter
Außerdem:
12 Scheiben dunkles Toastbrot

***Zubereitungszeit:** 20 Minuten*

Das Basilikum waschen, die Blätter von den Stängeln zupfen und trockentupfen. Einige Blätter zur Dekoration beiseite stellen und die restlichen Blätter in dünne Streifen schneiden.

Die Basilikumstreifen und den Zitronensaft unter den Quark mischen. Mit Pfeffer würzen.

6 Toastbrotscheiben mit Butter bestreichen. Die Quarkmasse darauf verteilen und jeweils mit einer der restlichen Toastbrotscheiben abdecken. Jedes Sandwich diagonal in 4 Stücke schneiden.

Die Sandwiches auf einer Platte mit dem restlichen Basilikum dekorieren und mit Gabeln anrichten.

Tipp
Solch kleine Sandwiches lassen sich auch gut mit Schnittlauchquark zubereiten. Dafür das Basilikum einfach gegen frisch geernteten, in Röllchen geschnittenen Schnittlauch austauschen und nach Bedarf mit wenig Zitronensaft würzen. Zum Dekorieren eignen sich die langen Stängel des Schnittlauchs.

Auberginenkaviar

als vielseitige Sauce

Für 4 Portionen

2 Auberginen
2 Tomaten
1 Schalotte
1 Knoblauchzehe
2 EL gehackte Petersilie
3 EL Olivenöl
Salz, Pfeffer aus der Mühle

Zubereitungszeit: *20 Minuten*

Den Backofen auf 200 °C (Umluft 180 °C, Gas Stufe 3–4) vorheizen.

Die Auberginen waschen, trockentupfen und längs halbieren. Auf ein Backblech legen und für 10 Minuten in den Backofen geben; dabei öfters wenden.

Die Tomaten mit kochendem Wasser überbrühen, abziehen, vierteln und die Samen entfernen.

Die Auberginen aus dem Backofen nehmen und in Stücke schneiden. Die Schalotte und den Knoblauch abziehen und grob zerkleinern.

Die vorbereiteten Zutaten zusammen mit der Petersilie in einem Mixer fein pürieren, dabei nach und nach das Olivenöl einlaufen lassen, bis eine homogene Paste entsteht. Mit Salz und Pfeffer würzen.

Tipp
Servieren Sie diese Sauce zu Nudeln oder auf Canapés als Snack zum Aperitif.

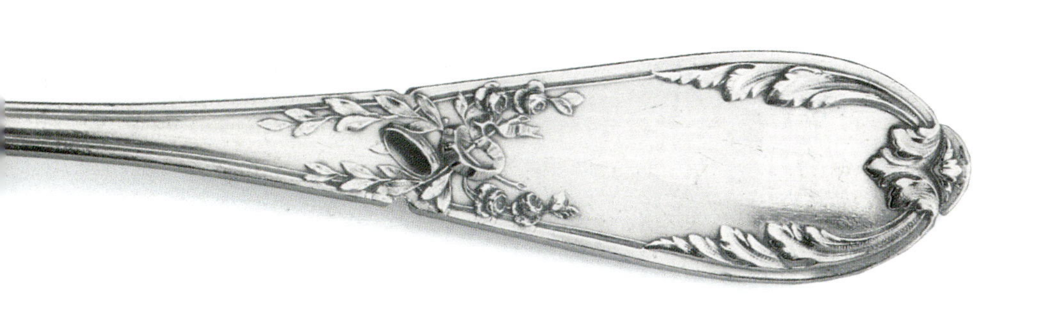

Champignons

im Bierteig

Für 4 Portionen

Für den Ausbackteig:
90 g Mehl
2 Eier
100 ml Bier
Salz, Pfeffer aus der Mühle
30 g Butter
Für die Marinade:
2 EL Olivenöl
Saft von 1/2 Zitrone
1 TL Thymianblättchen
Salz, Pfeffer aus der Mühle
Außerdem:
12 große weiße Champignons
300 ml Öl zum Frittieren
12 Stängel Petersilie

Zubereitungszeit: *1 Stunde*

Zum Ausbacken eignen sich kleine oder mittelgroße Champignons, besonders gut schmecken die braunen Egerlinge, auch »Steinpilzchampignons« genannt.

Für den Teig das Mehl in eine Schüssel sieben und in der Mitte eine Mulde formen. Die Eier trennen, die Eigelbe in die Mehlmulde geben und das Eiweiß beiseite stellen. Das Bier in die Mehlmulde geben, salzen, pfeffern und alles miteinander verrühren. Die Butter zerlassen und unter den Teig rühren. Den Teig im Kühlschrank 20 Minuten ruhen lassen.

Für die Marinade Olivenöl, Zitronensaft und Thymian miteinander verrühren, salzen und pfeffern. Die Champignons nach Bedarf putzen und darin marinieren.

Das Öl in einer Fritteuse oder einem Topf auf 180 °C erhitzen. Die Petersilie waschen und trockenschwenken.

Eiweiß zu Eischnee steif schlagen und unter den Teig ziehen. Die Champignons in dem Teig wenden und in dem heißen Fett in etwa 4 Minuten ausbacken. Herausheben und auf Küchenkrepp abtropfen lassen. Die Petersilie ebenfalls frittieren, ohne sie vorher im Teig zu wenden, und als Garnitur verwenden.

Die Champignons mit der Petersilie und Gabeln auf einer Platte anrichten und servieren.

Käseküchlein

aus Blätterteig

Für etwa 24 Stück

500 g TK-Blätterteig
2 Eier
200 g Emmentaler
100 g Crème fraîche
100 ml Milch
frisch geriebene Muskatnuss
Salz, Pfeffer aus der Mühle
Außerdem:
50 g flüssige Butter
etwas Mehl zum Ausrollen

***Zubereitungszeit:** 1 Stunde*

Schweizer oder Allgäuer Emmentaler sollten Sie am besten am Stück kaufen.

Die gefrorenen Blätterteigplatten voneinander trennen und etwa 15 Minuten auftauen lassen. Ein Backblech mit hohem Rand mit der Butter ausfetten. Den Backofen auf 200 °C (Umluft 180 °C, Gas Stufe 3–4) vorheizen.

Die Teigplatten auf einer leicht bemehlten Arbeitsfläche dünn ausrollen und auf das Backblech legen.

Die Eier verquirlen. Den Käse reiben und die Hälfte davon unter die Eier rühren. Crème fraîche und Milch, Muskatnuss, Salz und Pfeffer zufügen und alles gut vermischen.

Den restlichen Käse auf dem Teig verteilen. Die Eiermasse darüber verstreichen. Das Gebäck in 20 Minuten goldbraun backen. In gabelbissengerechte Stücke schneiden und warm oder kalt servieren.

Info

Tiefkühl-Blätterteig ist von bester Qualität und kann zu vielfältigen Gebäckstücken verarbeitet werden. Allerdings bedarf er etwas Aufmerksamkeit beim Verarbeiten. Seine blättrige Struktur kann sich nämlich nicht beim Backen entfalten, wenn er beim Schneiden oder Zusammenlegen zu stark gequetscht wurde.

Zwiebeltäschchen

rund geformt

Blätterteig 15 Minuten auftauen lassen. Backofen auf 220 °C (Umluft 200 °C, Gas Stufe 4–5) vorheizen.

Zwiebeln abziehen und fein würfeln. Butter erhitzen und die Zwiebeln darin glasig anschwitzen. Zwiebeln, Eier, Crème fraîche, Käse und Petersilie mischen und würzen.

Den Teig dünn ausrollen. Mit einem Ausstecher von etwa 8 Zentimeter Durchmesser rund ausstechen. Jeweils etwas Füllung auflegen. Den Rand mit wenig Wasser bepinseln und den Teig so zusammenklappen, dass halbmondförmige Taschen entstehen. Das Eigelb mit wenig kaltem Wasser verrühren und diese damit bepinseln. Ein Backblech mit Backpapier auslegen, die Teigtäschchen auflegen und im heißen Backofen etwa 15 Minuten backen.

Für etwa 25 Stück

500 g TK-Blätterteig

Für die Füllung:

400 g Zwiebeln
20 g Butter
2 Eier
1 EL Crème fraîche
3 EL geriebener Emmentaler
2 EL gehackte Petersilie
Salz, Pfeffer aus der Mühle

Außerdem:

1 Eigelb zum Bepinseln

Zubereitungszeit: *1 Stunde*

Eine Sünde wert: heiß und knusprig servierte Zwiebeltäschchen.

Kartoffelflan

ideal ergänzt durch Basilikumdip

Für 8 Portionen

3 mittelgroße Kartoffeln
1/2 l Gemüsebrühe
3 Eier
5 EL Grieß
500 g Sahne
frisch geriebene Muskatnuss
Salz, Pfeffer aus der Mühle
Zum Garnieren:
Salatblätter der Saison

***Zubereitungszeit:** 30 Minuten*
***Kühlzeit:** einige Stunden*

Die Kartoffeln waschen, schälen und in Würfel schneiden. Zusammen mit der Brühe in einen Topf geben, aufkochen und in etwa 15 Minuten garen.

Die Kartoffelstücke aus der Brühe heben und in einen Mixer füllen. Eier, Grieß und Sahne zufügen und alles fein pürieren. Mit Muskatnuss, Salz und Pfeffer würzen.

Den Backofen auf 150 °C (Umluft 130 °C, Gas Stufe 1) vorheizen.

Eine kleine Kastenform mit Frischhaltefolie auslegen und die Kartoffelmasse einfüllen. Die Form in den heißen Backofen stellen und den Flan 25 Minuten backen.

Die Form aus dem Ofen nehmen und abkühlen lassen. Den Kartoffelflan in der Form belassen und im Kühlschrank einige Stunden auskühlen lassen.

Kurz vor dem Servieren die Salatblätter waschen und trockenschleudern. Den Flan aus der Form nehmen, von der Folie befreien und den Flan in gabelbissengerechte Stücke schneiden. Die Salatblätter auf eine Platte legen, die Flanstücke darauf anrichten und Gabeln beilegen.

Dank Kartoffelstärke und Grieß bekommt der Flan den richtigen Halt.

Tipp
Am besten bereiten Sie den Flan am Vortag zu. Der Basilikumdip von Seite 92 passt phantastisch dazu.

Kleine Profiteroles

mit Emmentaler

Für etwa 20 Stück

60 g Milch
60 ml Wasser
50 g Butter
1 TL Salz
70 g Mehl
3 Eier
150 g geriebener Emmentaler
frisch geriebene Muskatnuss

Außerdem:
1 EL Olivenöl

Zubereitungszeit: *30 Minuten*

In einem großen Topf Milch, Wasser, Butter und Salz bei mittlerer Hitze unter ständigem Rühren erhitzen. Kurz aufwallen lassen und von der Kochstelle nehmen.

Das Mehl auf einen Schlag unter Rühren in die kochende Flüssigkeit geben. Den Topf wieder auf die Kochstelle setzen und bei schwacher Hitze ständig weiterrühren, bis sich der Teig als Kloß vom Topfboden löst. Den Topf von der Kochstelle nehmen und die Masse kurz abkühlen lassen.

Nacheinander die Eier einzeln unter den Teig rühren, dabei darauf achten, dass sie sich jeweils gut mit dem Teig vermischen, bevor das nächste folgt. Der Teig soll glatt und homogen sein.

Den Käse unter den Teig mischen und alles mit Muskatnuss würzen. Den Teig in einen Spritzbeutel mit Sterntülle füllen.

Den Backofen auf 160 °C (Umluft 140 °C, Gas Stufe 1) vorheizen. Ein Backblech mit dem Olivenöl einfetten und darauf kleine, runde Profiteroles spritzen. Das Gebäck im heißen Backofen 10 Minuten backen.

Tipp
Dieses feine Gebäck aus Brandteig schmeckt warm und kalt sehr gut. Ein Meerrettichdip (siehe Seite 92) passt vorzüglich dazu.

Auf der Muskatreibe lassen sich ganz Muskatnüsse am besten sparsam über die Speise reiben. Übrigens: die besten Muskatnüsse kommen aus Indonesien.

Kartoffelpufferturm

mit Kräuterquark

Die Kartoffeln waschen, schälen und grob reiben. Mit Küchenkrepp trockentupfen, salzen und pfeffern. Aus dem Teig kleine Kartoffelpuffer formen.

Die Butter erhitzen und die Kartoffelpuffer darin portionsweise ausbraten. Aus der Pfanne nehmen, auf ein mit Küchenkrepp belegtes Kuchengitter geben und im Backofen bei etwa 80 °C warm halten.

Den Quark glatt rühren, die Kräuter untermischen, salzen und pfeffern. Auf jeden zweiten Puffer 1 Teelöffel Quark geben und mit einem freien Puffer bedecken.

Überschüssigen Quark in eine kleine Schüssel füllen und in die Mitte eines großen Tellers stellen. Um sie herum die Kartoffelpuffer und Gabeln anrichten.

Für 6 Portionen

3 große Kartoffeln
Meersalz
Pfeffer aus der Mühle
45 g Butter
250 g Quark
1 EL gehackte Petersilie
1 EL gehackter Basilikum
1 EL Schnittlauchröllchen
1 EL gehackter Salbei

Zubereitungszeit: *40 Minuten*

Für Gerichte wie Kartoffelpuffer sollten Sie nach Möglichkeit Kartoffeln verwenden, die bei der Zubereitung nicht zerfallen – also fest kochende Sorten.

Auberginenroulade

fein im Geschmack

Für etwa 8 Stück

1 Aubergine
6 EL Olivenöl
Salz, Pfeffer aus der Mühle
2 Möhren
100 g grüne Bohnen
6 Salatblätter
2 EL Zitronensaft

Zubereitungszeit: *40 Minuten*

Die Aubergine waschen, Stielansatz entfernen und mit Schale längs in 8 dünne Scheiben schneiden. 4 Esslöffel Öl erhitzen und die Auberginenscheiben darin etwa 5 Minuten braten, dabei 1-mal wenden. Mit Salz und Pfeffer würzen. Aus der Pfanne nehmen und abtropfen lassen.

Inzwischen die Möhren schälen und in kleine Stifte schneiden, so lang wie die Auberginenscheiben breit sind. Die Bohnen putzen und auf die gleiche Größe schneiden. Das Gemüse 3 Minuten in kochendem Salzwasser blanchieren, herausheben und abkühlen lassen.

Salat waschen und in Streifen schneiden. Backofen auf 180 °C (Umluft 160 °C, Gas Stufe 2–3) vorheizen.

Die Auberginenscheiben mit Zitronensaft beträufeln. Jede Scheibe mit etwas Gemüse und den Salatstreifen belegen, salzen, pfeffern und zu Rouladen aufrollen. In eine feuerfeste Form legen, mit dem restlichen Öl beträufeln und für 5 Minuten im heißen Backofen garen.

Jedes Auberginenröllchen auf eine Gabel platzieren und auf einer Platte anrichten.

Kartoffelwürstchen

auch bei Kindern beliebt

Am Vortag die Kartoffeln waschen und mit Schale in wenig Wasser gar kochen. Am nächsten Tag die Kartoffeln pellen und zerstampfen oder durch eine Kartoffelpresse drücken.

Die Sahne und die Butter zusammen erhitzen und unter die Kartoffelmasse rühren. Die Eier untermischen, salzen und pfeffern. So viel Paniermehl zugeben, dass die Masse gut zusammenhält. Etwa 30 kleine Würstchen formen.

Das Butterschmalz erhitzen und die Kartoffelwürstchen darin goldgelb braten. Noch heiß auf Gabeln spießen und auf einer Platte anrichten.

Tipp

Die Würstchen harmonieren geschmacklich besonders gut mit Knoblauchbutter (siehe Seite 88).

Für etwa 30 Stück

800 g Kartoffeln
1 Tasse Sahne
100 g Butter
4 Eier
Salz, Pfeffer aus der Mühle
Paniermehl
Außerdem:
etwas Butterschmalz

Zubereitungszeit:
30 Minuten
Vorbereitungszeit:
30 Minuten am Vortag

Gabelweise Fisch

Aus dem Wasser stammen viele Köstlichkeiten, die bei festlichen Anlässen ihre Liebhaber finden. Das betrifft vor allem Lachs, den hoch geschätzten Klassiker für kalte Häppchen, zubereitet als Lachshamburger mit Dill oder als Lachscarpaccio. Oder andere Meeresbewohner, die zu Kabeljaukugeln im Pistazienmantel, Garnelen in Honig-Curry-Marinade oder Seezungenröllchen mit Paprikatrilogie verarbeitet werden.

Matjestatar

mit Tomaten und Dill

Für 4 Portionen

4 doppelte Matjes
2 Tomaten
1 Schalotte
2 EL gehackter Dill
1 EL rosa Pfefferkörner
6 EL Olivenöl
3 EL Aceto balsamico
Pfeffer aus der Mühle

Zubereitungszeit: *20 Minuten*

Früher war Matjestatar eher ein Arme-Leute-Essen, heute ist es eine Spezialität.

Die Matjes vom Schwanzstück befreien und wie Tatar mit einem scharfen Messer klein hacken.

Die Tomaten mit kochendem Wasser überbrühen, abziehen, die Samen entfernen und das Fruchtfleisch in kleine Würfel schneiden. Die Schalotte abziehen und fein hacken.

Das Matjestatar, die Tomaten- und Schalottenwürfel, den Dill und die rosa Pfefferkörner miteinander vermischen.

Olivenöl und Aceto balsamico miteinander verrühren und pfeffern. Die Marinade über das Matjestatar geben.

Tipp
Servieren Sie diese herzhafte Kreation zum Aperitif auf Pumpernickeltalern.

Info
Pumpernickeltaler sind runde Scheiben von einem speziellen Roggenbrot. Es erhält seine dunkle Farbe dadurch, dass es mindestens 16 Stunden bei niedriger Backtemperatur gebacken wird. Da es bis zu vier Wochen haltbar ist, eignet es sich gut zur Vorratshaltung.

Kabeljaukugeln

im Pistazienmantel

Das Toastbrot entrinden, in einer kleinen Schüssel mit der Milch begießen und einweichen lassen.

Das Kabeljaufilet kurz kalt abspülen und trockentupfen. Von den Gräten befreien und in kleine Stücke schneiden oder durch einen Fleischwolf drehen. Das Brot, das Currypulver, das Paprikapulver und die Eier unter die Fischmasse mischen. Mit Salz und Pfeffer würzen.

Aus der Fischmasse mit einem Eisportionierer oder mit den Händen etwa 30 Kugeln von jeweils etwa 30 Gramm formen. Die Kabeljaukugeln in den Pistazien wälzen.

In einer Pfanne etwas Olivenöl erhitzen und die Kugeln darin bei schwacher Hitze etwa 5 Minuten braten.

Für etwa 30 Stück

4 Scheiben Toastbrot
1/4 l Milch
600 g Kabeljaufilet
1 TL Currypulver
1 TL Paprikapulver
2 Eier
Salz, Pfeffer aus der Mühle
200 g gehackte Pistazien
Außerdem:
etwas Olivenöl

Zubereitungszeit: *25 Minuten*

Die nussigen Fischkugeln sind Stück für Stück ein Genuss.

Geräucherter Heilbutt

mit Tomatenwürfeln

Für 8 Portionen

200 g geräucherter Heilbutt
2 Tomaten
2 Frühlingszwiebeln
100 g Sahne
1 EL geriebener Meerrettich
1 EL gehackte, glatte Petersilie
100 g Quark
Salz, Pfeffer aus der Mühle
Zum Dekorieren:
glatte Petersilie

Zubereitungszeit: *20 Minuten*

Den Heilbutt in kleine Stücke schneiden. Die Tomaten mit kochendem Wasser überbrühen, abziehen, die Samen entfernen und das Fruchtfleisch in kleine Würfel schneiden. Die Frühlingszwiebeln putzen und in Röllchen schneiden. Die Sahne steif schlagen.

Heilbutt, Tomaten, Frühlingszwiebeln, Meerrettich und Petersilie in eine Schüssel geben und mit Quark vermischen. Die Sahne unterheben, salzen und pfeffern.

Aus der Masse mit Hilfe eines Löffels kleine Klößchen formen. 8 Stück davon auf Gabeln platzieren. Die restlichen Kugeln in der Mitte eines großen Tellers anrichten, die bestückten Gabeln ringsherum anrichten und alles mit Petersilie dekorieren.

Tipp
Je kleiner und feiner der Heilbutt geschnitten wird, desto leichter lässt sich die Masse zu Klößchen formen. Das gilt übrigens auch für die anderen Zutaten. Zum Formen der Klößchen empfiehlt es sich, den Löffel bzw. die Hände zuvor in kaltes Wasser zu tauchen.

Mousse von geräucherter Forelle

mit Pernod

Die Forellenfilets häuten und von Gräten befreien.

Die Gelatineblätter in wenig kaltem Wasser einweichen. Den Fischfond erhitzen. Die Gelatine ausdrücken, zum Fond geben und rühren, bis sie sich aufgelöst hat.

Den Fischfond und die Forellenfilets in einen Mixer geben und zu einer glatten Mischung pürieren. Die Masse in eine Schüssel füllen und die Crème double mit einem Holzlöffel einarbeiten. Mit Pernod, Salz und Pfeffer würzen.

Die Schüssel mit Frischhaltefolie abdecken, in den Kühlschrank stellen und die Mousse für etwa 90 Minuten auskühlen lassen.

Die Salatblätter waschen, trockenschleudern und auf einer Platte dekorativ anrichten.

Einen Teelöffel jeweils in warmes Wasser tauchen und portionsweise kleine Klößchen aus der Fischmasse abstechen. Die Klößchen mit Gabeln auf den Salatblättern anrichten.

Für 8 Portionen

200 g geräucherte Forellenfilets
3 Blatt Gelatine
100 ml Fischfond
100 g Crème double
1 EL Pernod
Salz, Pfeffer aus der Mühle
Zum Dekorieren:
Salatblätter der Saison

Zubereitungszeit: *30 Minuten*
Kühlzeit: *1,5 Stunden*

Lachsklößchen

mit Basilikumdip

Für etwa 20 Stück

200 g frisches Lachsfilet
200 g kalte Sahne
1 EL Pernod
1 EL Noilly Prat
1 TL gehacktes
Koriandergrün
Salz, Pfeffer aus der Mühle
Außerdem:
Fischfond oder Salzwasser
1 Rezept Basilikumdip
(siehe Seite 92)

Zubereitungszeit: *15 Minuten*

Das Lachsfilet unter fließendem kaltem Wasser kurz abspülen, trockentupfen und in kleine Stücke schneiden. Mit Sahne, Pernod, Noilly Prat und Koriandergrün in einem Mixer fein pürieren, bis eine homogene Masse entstanden ist. Salzen und pfeffern.

Fischfond oder Salzwasser zum Kochen bringen. Die Temperatur reduzieren, bis die Flüssigkeit nur noch siedet.

Zwei Teelöffel mit Wasser anfeuchten und aus der Fischfarce kleine Klößchen formen. Die Klößchen in die siedende Flüssigkeit geben und etwa 2 Minuten pochieren lassen. Herausnehmen und auf Küchenkrepp abtropfen lassen.

Die Lachsklößchen auf Gabeln legen und auf einer großen Platte anrichten. In die Mitte ein Schälchen mit frischem Basilikumdip stellen.

Tipp
Wenn Sie die Klößchen ein bisschen feiner haben wollen, dann pürieren Sie zunächst nur den Lachs und streichen ihn anschließend durch ein feines Sieb. Alle Zutaten müssen immer kalt sein, damit die Farce auch gelingt.

Frisches Basilikum in Töpfchen ist ganzjährig erhältlich und sollte in Ihrer Küche nicht fehlen.

Muschelbällchen

pikant gewürzt

Für 4 Portionen

300 g Muschelfleisch
100 g geriebene Mandeln
2 Schalotten
3 Knoblauchzehen
3 EL Butterschmalz
2 Eier
100 g Paniermehl
1 EL Sojasauce
2 EL gehackte Petersilie
Salz
1 Messerspitze Chilipulver

Zubereitungszeit: *20 Minuten*

Das Muschelfleisch kalt abspülen, trockentupfen und in eine Schüssel geben. Die Mandeln in einer Küchenmaschine nochmals mahlen, damit Mandelpulver entsteht.

Schalotten und Knoblauch abziehen und fein würfeln. 1 Esslöffel Butterschmalz erhitzen, Schalotten- und Knoblauchwürfel darin anschwitzen und zum Muschelfleisch geben. Mandelpulver, Eier, Paniermehl, Sojasauce und Petersilie untermischen. Mit Salz und Chilipulver würzen.

Aus der Masse kleine Bällchen formen. Restliches Butterschmalz erhitzen und die Bällchen darin goldbraun braten.

Tipp
Hierzu passt Sauce Tartare (siehe Seite 98).

Ob lauwarm oder heiß serviert, die knusprigen Muschelbällchen schmecken immer.

Kabeljau-Grieß-Klößchen

zum Aperitif

Für 12 Stück

Salz
100 g Grieß
300 g Kabeljaufilet
1 Ei
2 EL gehackte Kräuter
Pfeffer aus der Mühle
Außerdem:
3 EL Olivenöl

Zubereitungszeit: *25 Minuten*

In einem Topf in 1/4 Liter Salzwasser zum Kochen bringen. Den Grieß zufügen und unter ständigem Rühren bei mittlerer Hitze 5 bis 7 Minuten leise kochen lassen, bis er das Wasser vollständig aufgesogen hat. Abkühlen lassen.

Das Kabeljaufilet unter fließendem kaltem Wasser kurz abspülen, trockentupfen und klein hacken. Fisch, Ei und Kräuter unter den ausgequollenen Grieß mischen. Die Masse mit Salz und Pfeffer würzen.

Aus der Masse mit einem Eisportionierer oder mit den Händen kleine, mundgerechte Klößchen formen.

Das Olivenöl in einer beschichteten Pfanne erhitzen und die Klößchen darin in etwa 5 Minuten goldbraun braten. Herausnehmen und auf Küchenkrepp abtropfen lassen.

Die Kabeljauklößchen mit Gabeln auf einer Platte anrichten.

Reichen Sie die Kabeljau-Klößchen doch als Appetizer auf einer Gartenparty.

Tipp
Auch hierzu schmeckt eine Sauce Tartare (siehe Seite 98) sehr gut.

Lachshamburger

mit Dill

Für 4 Portionen

250 g frisches Lachsfilet
1 große Schalotte
80 g Butter
1 EL Crème fraîche
1 EL Pernod
2 EL gehackter Dill
Salz, Pfeffer aus der Mühle
Für die Wachteleier:
20 g Butter
8 Wachteleier
Zum Dekorieren:
frischer Dill

***Zubereitungszeit:** 30 Minuten*

Das Lachsfilet unter fließendem kaltem Wasser kurz abspülen, trockentupfen und wie Tatar fein hacken. Die Schalotte abziehen und fein würfeln. 20 Gramm Butter erhitzen und die Schalottenwürfel darin hell anschwitzen.

In einer Schüssel Lachs, Schalottenwürfel, Crème fraîche, Pernod und Dill vermischen, salzen und pfeffern.

Aus dem Fischteig mit feuchten Händen 8 kleine Frikadellen formen. Die restliche Butter erhitzen und die Frikadellen darin 3 Minuten von beiden Seiten anbraten.

In der Zwischenzeit in einer beschichteten Pfanne die Butter für die Eier erhitzen und die verquirlten Wachteleier darin braten.

Auf jede Lachsfrikadelle ein Wachtelei geben und mit Dill dekorieren. Mit Gabeln auf Tellern anrichten.

Die kleinen Wachteleier haben im Gegensatz zu Hühnereiern einen ganz hellgelben Dotter.

Lachscarpaccio

mit Kokosmilch

Den Lachs kalt abspülen, trockentupfen, in hauchdünne Scheiben schneiden und auf einer Platte anrichten. Mit Zitronensaft beträufeln, mit Salz, Pfeffer und Schnittlauch bestreuen und etwa 10 Minuten marinieren lassen.

Kokosmilch und Crème fraîche miteinander verrühren und salzen. Die Kokosmilchsauce auf das Carpaccio geben.

Die Tomaten waschen und trockentupfen. Die Paprikaschoten würfeln. Beides auf dem Lachs anrichten.

Tipp
Sie können solch ein Carpaccio auch mit anderen Fischsorten oder mit Jacobsmuscheln zubereiten. Ein Dip aus Dijon-Senf (siehe Seite 91) passt bestens dazu.

Für 4 Portionen

200 g frisches Lachsfilet
Saft von 1 Zitrone
Salz
1 EL grüne Pfefferkörner
1 EL Schnittlauchröllchen
200 g Kokosmilch
2 EL Crème fraîche
12 Kirschtomaten
60 g rote Paprikaschote
60 g grüne Paprikaschote

Zubereitungszeit: *20 Minuten*

Wildlachs – in extra-dünnen Scheiben ist er ein wahrer Hochgenuss.

Seewolfröllchen

mit Koriandersauce

Für 4 Portionen

Für die Röllchen:
2 Chicorée
1 Radicchio
4 Scheiben Parmaschinken
1 kleine Schalotte
3 EL Olivenöl
Salz, Pfeffer aus der Mühle
500 g Seewolffilet
etwas Olivenöl
Für die Koriandersauce:
2 EL frisch gehacktes
Koriandergrün
Saft von 1/2 Zitrone
150 g Crème fraîche
Salz, Pfeffer aus der Mühle

***Zubereitungszeit:** 30 Minuten*

Für die Füllung Chicorée und Radicchio putzen und in feine Streifen schneiden. Den Schinken ebenso in feine Streifen schneiden. Die Schalotte abziehen und fein zerkleinern. Diese Zutaten mit dem Öl vermischen, salzen und pfeffern. Die Füllung 10 Minuten ziehen lassen.

Das Seewolffilet unter fließendem kaltem Wasser kurz abspülen und trockentupfen. In dünne Scheiben schneiden, zwischen Frischhaltefolie mit etwas Olivenöl legen und vorsichtig hauchdünn klopfen.

Die Füllung auf die Fischfilets verteilen und diese zu kleinen Röllchen formen.

Für die Sauce das Koriandergrün und den Zitronensaft in die Crème fraîche rühren, salzen und pfeffern. Die Sauce auf eine Platte geben und die Seewolfröllchen mit Gabeln darauf anrichten.

Tipp
Das Fischfilet lässt sich leichter in dünne Scheiben schneiden, wenn man es für kurze Zeit ins Gefrierfach legt und dann mit einer Aufschnittmaschine aufschneidet.

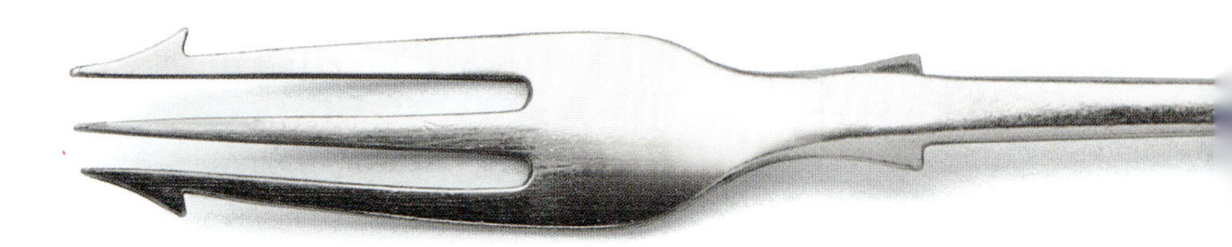

Zander und Frühlingszwiebeln

in Wan-tan-Blättern

Das Zanderfilet unter fließendem kaltem Wasser abspülen, trockentupfen und fein hacken. Die Frühlingszwiebeln putzen und in dünne Scheiben schneiden. Die Tomate mit kochendem Wasser überbrühen, abziehen, die Samen entfernen und das Fruchtfleisch klein würfeln.

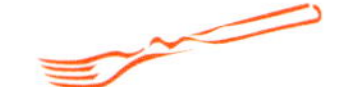

Die vorbereiteten Zutaten mit Ingwer und Sojasauce sowie wenig Salz und Pfeffer vermischen.

Die Wan-tan-Blätter mit der Zandermasse füllen. Dafür jeweils etwas Füllung in die Mitte eines Blatts setzen und den Teig nach oben hin mit den Fingern so zusammenziehen, dass kleine Säckchen entstehen.

Das Olivenöl erhitzen und die Wan-tans darin etwa 2 Minuten pro Seite braten. Herausnehmen, abtropfen lassen und sofort mit Gabeln servieren.

Tipp
Dazu passt hervorragend eine Sauce Tartare (siehe Seite 98).

Für 4 Portionen

Für die Füllung:
200 g Zanderfilet
4 Frühlingszwiebeln
1 kleine Tomate
1 EL gehackter Ingwer
1 EL Sojasauce
Salz, Pfeffer aus der Mühle
Außerdem:
8 Wan-tan-Blätter
4 EL Olivenöl

Zubereitungszeit: *20 Minuten*

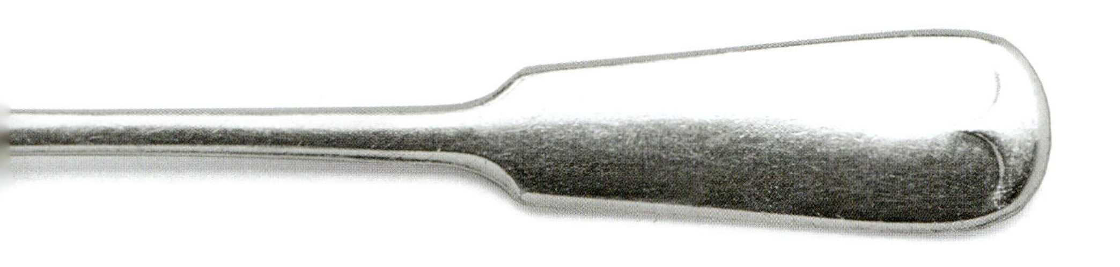

Knusprige Garnelen

in Honig-Curry-Marinade

Für die Marinade die Knoblauchzehen abziehen und fein würfeln. Honig, Olivenöl und Ketchup in einer Schüssel miteinander verrühren. Knoblauchwürfel, Kräuter, Curry- und Chilipulver unterrühren.

Die Garnelen kalt abspülen, trockentupfen, salzen und in die Marinade legen. Die Schüssel zudecken, in den Kühlschrank stellen und die Garnelen über Nacht marinieren lassen.

Am nächsten Tag die Salatblätter waschen, trockentupfen und auf einer Platte anrichten.

Die Garnelen aus der Marinade nehmen. Das gewürzte Öl in einer Pfanne erhitzen und die Garnelen darin knusprig braten oder auf einem Grill grillen. Mit Gabeln auf den Salatblättern anrichten.

Tipp
Servieren Sie die Garnelen mit einem Tomaten-Apfel-Chutney (siehe Seite 100).

Für 4 Portionen

Für die Marinade:
3 Knoblauchzehen
4 EL Honig
4 EL Olivenöl
2 EL Tomatenketchup
1 EL Kräuter der Provence
1 EL Currypulver
1 Messerspitze Chilipulver
Außerdem:
12 Garnelen ohne Schale
Salz
Salatblätter der Saison

Zubereitungszeit: *20 Minuten*
Marinierzeit: *1 Nacht*

Die Garnelen müssen vor dem Marinieren gewaschen und geschält werden.

Thunfischwürfel

pikant gewürzt

Für 4 Portionen

200 g Thunfischfilet
1 TL Currypulver
1 TL Cayennepfeffer
1 TL Masala
(indische Gewürzmischung)
1 EL Kräuter der Provence
Außerdem:
etwas Butterschmalz
Salz

***Zubereitungszeit:** 10 Minuten*

Die indische Würzung steht dem Thunfisch ausgesprochen gut.

Das Thunfischfilet unter fließendem kaltem Wasser kurz abspülen und trockentupfen. In Würfel schneiden und in eine Schüssel geben.

Currypulver, Cayennepfeffer, Masala und Kräuter über den Fisch geben und alles gut miteinander vermischen.

Etwas Butterschmalz in einer beschichteten Pfanne erhitzen und die Thunfischwürfel darin bei starker Hitze in etwa 5 Minuten knusprig anbraten. Mit Salz würzen und sofort mit Gabeln servieren.

Tipp
Reichen Sie hierzu einen Tomatenketchupdip (siehe Seite 95).

Info
Masala ist die Bezeichnung für eine Mischung indischer Gewürze, die in vielfältigen Abwandlungen, passend zu dem jeweiligen Gericht, zubereitet wird. Um ihr Aroma zu intensivieren, werden die Gewürze vor dem Zerdrücken ohne Fettzugabe geröstet. Beliebte Zutaten sind z. B. Koriandersamen, Kreuzkümmel (Cumin), Chilischoten, Pfefferkörner, Zimt, Kardamom, Muskatnuss und Nelken.

Gegrillte Seeteufelmedaillons

mit rosa Pfeffer

Für die Marinade Olivenöl, Sojasauce, Pfefferkörner, Ingwer und Kräuter der Provence miteinander vermischen.

Den Fisch kalt abspülen, trockentupfen und salzen. In die Marinade legen und etwa 15 Minuten ziehen lassen.

Eine Pfanne oder einen Grill erhitzen und die Seeteufelmedaillons bei starker Hitze von beiden Seiten 2 Minuten scharf anbraten. Herausnehmen, mit Gabeln anrichten und sofort servieren.

Tipp
Geschmacklich ideal ergänzt werden diese kleinen Happen durch eine Kräutervinaigrette (siehe Seite 89). Wenn diese leicht erwärmt wird, schmeckt sie besonders gut.

Für 4 Portionen

Für die Marinade:
4 EL Olivenöl
2 EL Sojasauce
4 EL getrocknete rosa Pfefferkörner
1 EL frisch gehackter Ingwer
2 EL Kräuter der Provence
Außerdem:
8 kleine Seeteufelmedaillons à 50 g
Salz

Zubereitungszeit: *25 Minuten*

Festfleischige Fische wie der edle Seeteufel eignen sich zum Grillen ganz besonders.

Seezungenröllchen

mit Paprikatrilogie

Für 4 Portionen

8 Seezungenfilets
je 1/2 rote, grüne, gelbe Paprikaschote
Salz, Pfeffer aus der Mühle
1/4 l Weißwein
1 EL Butter
8 Zweige Thymian

***Zubereitungszeit:** 20 Minuten*

Die Seezungenfilets unter fließendem kaltem Wasser kurz abspülen und trockentupfen. Die Paprikaschoten putzen und das Fruchtfleisch in lange, schmale Streifen schneiden.

Die Fischfilets salzen und pfeffern. In jeweils 3 verschiedenfarbige Paprikastreifen einwickeln und jedes Röllchen mit einem Zahnstocher zusammenhalten.

Wein und Butter in einer Pfanne bei schwacher Hitze erwärmen. Die Seezungenröllchen einlegen, jeweils einen Thymianzweig auflegen und zugedeckt 6 Minuten pochieren lassen.

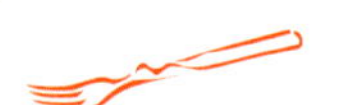

Die Seezungenröllchen herausnehmen. Mit Gabeln auf einer vorgewärmten Platte anrichten und sofort servieren.

Tipp
Servieren Sie zu den Seezungenröllchen einen Basilikumdip (siehe Seite 92).

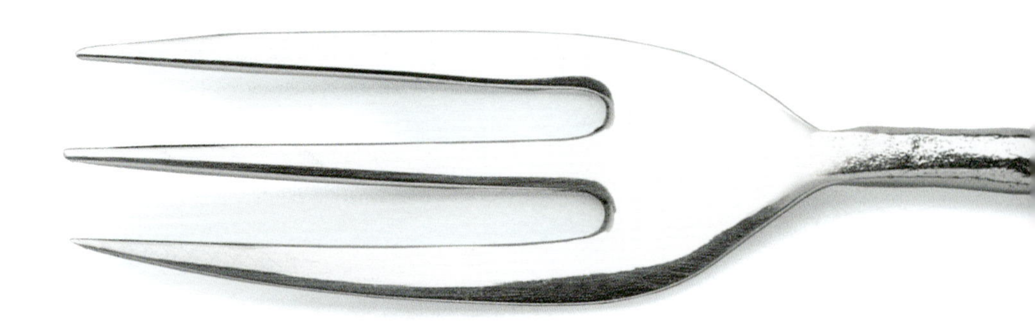

Gratinierte Rotbarbenfilets

mit Ziegenkäse

Die Rotbarbenfilets unter fließendem kaltem Wasser kurz abspülen und trockentupfen. Den Backofen auf 200 °C (Umluft 180 °C, Gas Stufe 3–4) vorheizen.

Die Paprikaschote waschen, mit einem Sparschäler schälen, halbieren, Stielansatz, Samen und Scheidewände entfernen und das Fruchtfleisch in Würfel schneiden. Schalotte und Knoblauchzehen abziehen und fein würfeln.

1 Esslöffel Olivenöl in einer feuerfesten Pfanne bei schwacher Hitze erhitzen und die Paprikawürfel darin schwenken. Salzen und pfeffern. Die Schalotten- und Knoblauchwürfel zugeben und kurz anschwitzen.

Die Fischfilets auf das Gemüse legen, mit Salz und Pfeffer würzen. Crème fraîche und Kräuter vermischen und über die Filets streichen.

Den Ziegenkäse zerkleinern, auf dem Fisch verteilen und mit dem restlichen Olivenöl beträufeln. Die Pfanne in den heißen Backofen stellen und den Fisch in 10 Minuten gratinieren. Herausnehmen und sofort mit Gabeln servieren.

Für 4 Portionen

4 Rotbarbenfilets à 100 g
1 rote Paprikaschote
1 große Schalotte
3 Knoblauchzehen
2 EL Olivenöl
Salz, Pfeffer aus der Mühle
4 EL Crème fraîche
1 EL Kräuter der Provence
100 g frischer Ziegenkäse

Zubereitungszeit: *20 Minuten*

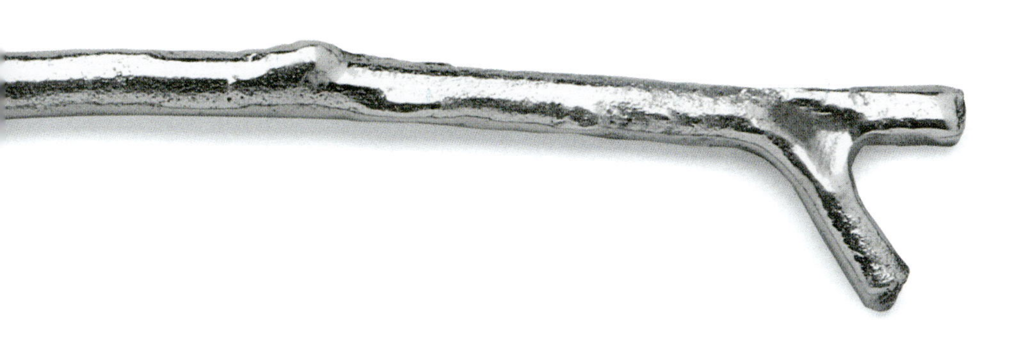

Garnelen

in der Pilzkruste

Für 4 Portionen

Für die Pilzkruste:
50 g Weißbrot
etwas Milch
1 Schalotte
150 g Champignons
60 g Butter
Salz, Pfeffer aus der Mühle
2 EL Kräuter der Provence
Außerdem:
8 Garnelen ohne Schale
6 EL Olivenöl

Zubereitungszeit: *25 Minuten*

Den Backofen auf 220 °C (Umluft 200 °C, Gas Stufe 4–5) vorheizen. Das Brot in der Milch einweichen. Die Schalotte abziehen und fein würfeln. Die Pilze putzen und fein hacken.

Die Hälfte der Butter erhitzen und die Schalotten darin glasig dünsten. Die Pilze zufügen und 2 Minuten sautieren. Salzen und pfeffern. Alles in ein Sieb geben und die Flüssigkeit ablaufen lassen. Pilzmischung, Brot, Kräuter und restliche Butter miteinander vermischen.

Die Garnelen salzen und pfeffern. Das Öl in eine feuerfeste Form geben, die Garnelen einlegen und mit der Pilzmischung bedecken. Etwa 12 Minuten überbacken. Köstlich hierzu ist eine Knoblauchbutter (siehe Seite 88).

Garnelen mit Pilzen und Brot bestens »unter die Haube gebracht«.

Omeletteroulade

mit geräuchertem Lachs

Die Eier verquirlen. Die Hälfte der Butter, Crème fraîche und Petersilie unterrühren, salzen und pfeffern.

Die restliche Butter in einer großen beschichteten Pfanne erhitzen. Die Eiermasse hineingeben und bei mittlerer Hitze etwa 4 Minuten braten. Das Omelette von der Kochstelle nehmen und in der Pfanne abkühlen lassen.

Den Lachs in Streifen schneiden. Das Omelette von der Pfanne auf ein Stück Alufolie rutschen lassen. Die Lachsstreifen auf das Omelette verteilen und mit Zitronensaft beträufeln. Das Omelette rollen. Die Rolle in Frischhaltefolie fest einwickeln und im Kühlschrank abkühlen lassen.

Kurz vor dem Servieren die Frischhaltefolie entfernen, die Omeletteroulade in dicke Scheiben schneiden und auf die Brotscheiben legen. Das Ganze in mundgerechte Stücke schneiden, mit Gabeln anrichten und servieren.

Tipp
Die Kühlzeit kann beliebig variieren, Sie können das Omelette auch einen Tag vorher zubereiten.

Für 6 Portionen

8 Eier
50 g weiche Butter
100 g Crème fraîche
2 EL gehackte Petersilie
Salz, Pfeffer aus der Mühle
100 g geräucherter Lachs
Saft von 1/2 Zitrone
Außerdem:
6 Scheiben Bauernbrot

Zubereitungszeit: *30 Minuten*
Kühlzeit: *mehrere Stunden*

Für den Fischer geht ein anstrengender Arbeitstag zu Ende.

Waffeln

mit Räucherlachs

Für 6 große Waffeln

140 g weiche Butter
4 Eigelbe
140 g Mehl
1 EL Sherry
1 EL Olivenöl
125 g Sahne
etwas Salz
4 Eiweiß
12 Scheiben Räucherlachs
Außerdem:
etwas Butter

Zubereitungszeit: 20 Minuten

Kenner schätzen den teureren, aber geschmacklich wesentlich besseren Wildlachs.

Die Butter und die Eigelbe schaumig aufschlagen, dabei nach und nach das Mehl, den Sherry, das Olivenöl, die Sahne und 1 Prise Salz unterrühren.

Eiweiß steif zu Eischnee schlagen und unter den Teig heben.

Das Waffeleisen erhitzen und mit Butter auspinseln. Den Teig portionsweise zu Waffeln ausbacken. Die fertigen Waffeln nebeneinander auf Kuchengitter auskühlen lassen, nicht aufeinander legen, sie werden sonst feucht.

Die Waffeln jeweils in 4 Stücke teilen. Jeweils 1/2 Scheibe Lachs darauf geben. Auf einer Platte mit Gabeln anrichten und sofort servieren.

Tipp

Hierzu passt sehr gut ein Avocadodip (siehe Seite 96).

Soufflé

von geräucherter Forelle

Das Kabeljaufilet kalt abspülen, trockentupfen und mit dem Forellenfilet in einem Mixer fein pürieren. Dabei langsam Eiweiß, Pernod und Sahne zufügen, bis eine homogene Masse entstanden ist. Salzen und pfeffern.

Den Backofen vorheizen auf 120 °C (Umluft 110 °C, Gas Stufe 1). Acht kleine Förmchen – oder alternativ Mokkatassen – mit Butter ausfetten. Die Masse in die Förmchen füllen und im heißen Backofen etwa 20 Minuten garen.

Die Soufflés aus der Form nehmen, auf Tellern mit Gabeln anrichten und sofort servieren.

Tipp
Servieren Sie zum Soufflé einen Safrandip (siehe Seite 91).

Für 4 Portionen

100 g Kabeljaufilet
100 g geräuchertes Forellenfilet
1 Eiweiß
1 EL Pernod
150 g kalte Sahne
Salz, Pfeffer aus der Mühle
Außerdem:
Butter für die Förmchen

Zubereitungszeit: *40 Minuten*

Hübsch in Form gebracht: kleine Soufflés von der Räucherforelle.

Blätterteigplätzchen

mit Anchovis

Die gefrorenen Blätterteigplatten voneinander trennen und etwa 15 Minuten auftauen lassen. Den Backofen auf 160 °C (Umluft 140 °C, Gas Stufe 1–2) vorheizen. Ein Backblech mit Backpapier belegen.

Den Teig auf einer leicht bemehlten Arbeitsfläche ausrollen. Mit einem kleinen runden, scharfkantigen Ausstecher 30 Plätzchen ausstechen.

Den Camembert in kleine Stücke schneiden. Jeweils ein Stück Camembert und ein Anchovisfilet auf die Hälfte der Plätzchen anrichten.

Die Eigelbe mit etwas kaltem Wasser verrühren und den Teigrand damit bepinseln. Jeweils mit einem der restlichen Teigplätzchen bedecken, den Rand leicht andrücken und das obere Plätzchen mit Eigelb bepinseln.

Die Plätzchen auf das Backblech setzen und im heißen Backofen etwa 15 Minuten backen, bis sie goldbraun sind. Herausnehmen, mit Gabeln anrichten und sofort servieren.

Für 30 Stück

250 g TK-Blätterteig
1 Camembert (250g)
30 Anchovisfilets
Außerdem:
Mehl für die Arbeitsfläche
2 Eigelbe

***Zubereitungszeit:** 1 Stunde*

Anchovis sind durch Salzen und eventuell anschließendes Einlegen in Olivenöl haltbar gemachte Sardellenfilets.

Petersfischfilet

im Zucchinimantel

Für 4 Portionen

4 Petersfischfilets
2 Zucchini
Salz, Pfeffer aus der Mühle
1 EL geriebener Meerrettich
2 EL Schnittlauchröllchen
2 EL flüssige Butter
1/4 l Fischfond

Zubereitungszeit: *20 Minuten*

Feste, nicht allzu große Zucchini sind für dieses Gericht ideal.

Die Fischfilets unter fließendem kaltem Wasser kurz abspülen, trockentupfen und in 8 Stücke schneiden. Den Backofen auf 220 °C (Umluft 200 °C, Gas Stufe 4–5) vorheizen.

Die Zucchini waschen, putzen und der Länge nach in hauchdünne Scheiben schneiden. Die Zucchinischeiben in kochendem Salzwasser kurz blanchieren.

Die Fischfilets salzen, pfeffern, mit Meerrettich bestreichen und mit Schnittlauch bestreuen. Mit den Zucchinischeiben umwickeln und mit flüssiger Butter einpinseln.

Die umwickelten Filets in eine feuerfeste Form geben. Den Fischfond erhitzen und angießen. Die Form mit Alufolie abdecken und das Gericht im heißen Backofen 10 Minuten garen. Mit Gabeln anrichten und sofort servieren.

Tipp

Zu dieser Kreation vom Petersfisch passt vorzüglich ein Meerrettichdip (siehe Seite 92).

Steinbuttpäckchen

im Mantel aus Reispapier

Die Reisblätter in kaltem Wasser einweichen und auf einem Küchenhandtuch abtropfen lassen.

Die Fischfilets kalt abspülen und trockentupfen. In 8 Stücke schneiden. Mit Salz, Pfeffer und Currypulver würzen.

Auf jedes Reisblatt je ein Fischstück und ein Basilikumblatt legen. Mit Ingwer würzen. Die Reisblätter zuklappen.

Butterschmalz erhitzen und die Steinbuttpäckchen in 3 Minuten von beiden Seiten braten.

Tipp

Servieren Sie dazu einen Basilikumdip (siehe Seite 92).

Für 4 Portionen

8 Reisblätter
400 g Steinbuttfilet
Salz, Pfeffer aus der Mühle
1 TL Currypulver
8 Basilikumblätter
1 EL gehackter Ingwer
Außerdem:
etwas Butterschmalz

Zubereitungszeit: *20 Minuten*

Nur mit einem Hauch von Teig umhüllt, kommt der pikante Steinbutt voll zur Geltung.

Jacobsmuscheln

in Täschchen aus Weinblättern

Für 4 Portionen

8 frische Jacobsmuscheln (ausgelöst)
Für die Weinblatttaschen:
8 ungespritzte Weinblätter
2 große Schalotten
30 g Butter
1 EL Thymianblättchen
Salz, Pfeffer aus der Mühle
Außerdem:
etwas Butterschmalz

Zubereitungszeit: *30 Minuten*

Die Jacobsmuscheln unter fließendem kaltem Wasser abspülen. Frische Weinblätter entstielen, in einem Sieb mit kochendem Wasser überbrühen und kalt abspülen. Die Schalotten abziehen und fein würfeln. Die Butter erhitzen, die Schalottenwürfel darin hell anschwitzen und mit Thymian würzen.

Die Weinblätter mit den gewürzten Schalotten bestreichen. Die Jacobsmuscheln darauf legen, salzen und pfeffern. Die Weinblätter zuklappen.

Den Backofen auf 180 °C (Umluft 160 °C, Gas Stufe 2–3) vorheizen. Butterschmalz in einer feuerfesten Pfanne erhitzen, die Täschchen einlegen und im heißen Backofen 8 Minuten garen. Die Täschchen mit Gabeln auf einer Platte anrichten.

Tipp
Reichen Sie hierzu eine Kräutervinaigrette (siehe Seite 89).

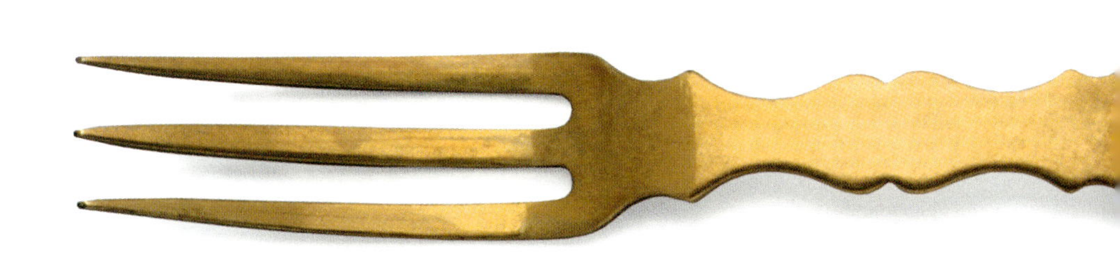

Kleine Tintenfische

delikat gefüllt

Die Tintenfische kalt abspülen. Die Tomaten mit kochendem Wasser überbrühen, abziehen und das Fruchtfleisch klein schneiden. Schalotten und Knoblauch abziehen und fein hacken. Paprikaschote, Zucchino und Aubergine waschen, putzen und klein würfeln.

2 Esslöffel Öl erhitzen. Schalotten- und Knoblauchwürfel darin anbraten. Paprika, Zucchino und Aubergine zufügen und anschwitzen. Die Hälfte der Tomaten einrühren. Mit Salz, Pfeffer und Safranpulver würzen.

Den Backofen auf 200 °C (Umluft 180 °C, Gas Stufe3–4) vorheizen.

Die Tintenfische mit der Gemüsemasse füllen und in eine Auflaufform geben. Die restlichen Tomaten, Thymian und Rosmarin und das restliche Öl darüber verteilen. Salzen und pfeffern. Die Auflaufform zudecken und das Gericht im heißen Backofen 20 Minuten garen. 2 Minuten vor Ende der Garzeit das Basilikum darauf verteilen.

Für 6 Portionen

24 kleine Tintenfische, gehäutet und geputzt
4 Tomaten
4 Schalotten
4 Knoblauchzehen
1 rote Paprikaschote
1 Zucchino
1 Aubergine
6 EL Olivenöl
Salz, Pfeffer aus der Mühle
1 TL Safranpulver
2 Zweige Thymian
1 Zweig Rosmarin
Außerdem:
2 EL frisch gehacktes Basilikum

Zubereitungszeit: *70 Minuten*

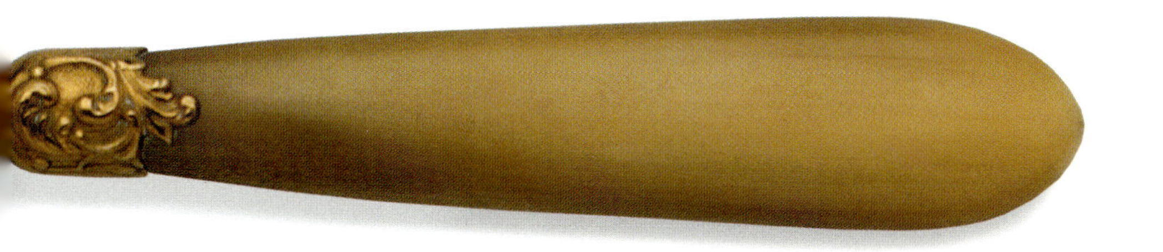

Gabelfood mit Fleisch

Gabelbissen mit herzhaften Fleischkreationen sind äußerst beliebt, vor allem, wenn sie warm serviert werden. Lassen Sie sich von Lammrücken im Kräutermantel, Entenbrust in Orangen-Ingwer-Sauce und mit Ziegenkäse überbackenem Schweinefilet ebenso verzaubern wie von Kalbsfrikadellen mit Salbei.

Melonenkugeln

mit Parmaschinken

Für 8 Portionen

2 Honigmelonen
10 dünne Scheiben
Parmaschinken
Für die Marinade:
4 EL Honig
4 EL Olivenöl
2 EL Aceto balsamico
Salz, Pfeffer aus der Mühle
Zum Dekorieren:
1 Bund Minze

Zubereitungszeit: *20 Minuten*

Die Melonen halbieren und die Kerne entfernen. Mit einem Kugelausstecher Kugeln formen, dabei die Melonenschalen nicht beschädigen. Die Melonenschalen bis zur weiteren Verwendung zur Seite stellen.

Honig, Olivenöl, Aceto balsamico, Salz und Pfeffer miteinander verrühren und die Melonenkugeln darin marinieren.

Den Parmaschinken in kleine Stücke schneiden und die Melonenkugeln damit belegen. Die Minze waschen und trockentupfen.

Die belegten Melonenkugeln in den Melonenschalen anrichten und mit Minze dekorieren.

Tipp
Zum Dekorieren können Sie auch beliebige Blätter von Bäumen auf einer großen Platte anrichten, die Melonenhälften darauf setzen und kleine Kuchengabeln in einzelne Melonenkugeln spießen.

Entenleberpastete

für besondere Anlässe

Die Zwiebeln abziehen und fein hacken. Die Butter in einer großen Pfanne erhitzen und die Zwiebelwürfel darin hell anschwitzen.

Die Leber einlegen und kurz anschwenken. Die Hitze reduzieren. Die Eier in die Pfanne schlagen und alles zusammen zugedeckt 5 Minuten leise garen lassen.

Das Toastbrot entrinden und in der Milch einweichen. Den Pfanneninhalt in einen Mixer geben. Das Toastbrot ausdrücken und zusammen mit Crème fraîche, Portwein, Muskatnuss, Salz und Pfeffer in den Mixer geben. Alles mixen, bis eine homogene Masse entstanden ist.

Die Masse in eine kleine rechteckige Form füllen und 24 Stunden im Kühlschrank ruhen lassen.

Tipp
Schneiden Sie die Entenleberpastete in gabelbissengerechte Stücke, und servieren Sie diese auf kleinen Bauernbrot- oder Pumpernickelscheiben.

Für 8 Portionen

2 kleine Zwiebeln
20 g Butter
250 g frische Entenleber
2 Eier
1 Scheibe Toastbrot
200 ml Milch
2 EL Crème fraîche
4 EL Portwein
frisch geriebene Muskatnuss
Salz, Pfeffer aus der Mühle

Zubereitungszeit: *20 Minuten*
Kühlzeit: *24 Stunden*

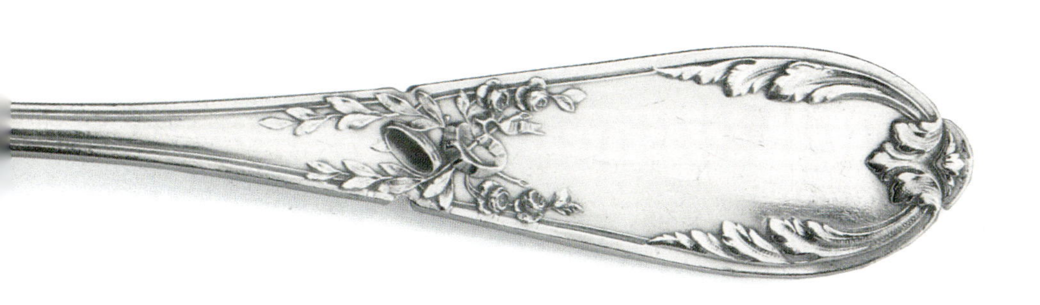

Speckkuchen

in gabelbissengerechter Form

Für 8 Förmchen

4 Scheiben TK-Blätterteig
Für die Füllung:
150 g Speck
2 kleine Zwiebeln
2 EL Olivenöl
Für die Sauce:
120 g Sahne
40 g Butter
30 g Mehl
120 ml Milch
Salz, Pfeffer aus der Mühle
frisch geriebene Muskatnuss
4 Eier
Außerdem:
etwas Butter

Zubereitungszeit: *1 Stunde*

Die gefrorenen Blätterteigplatten voneinander trennen und etwa 15 Minuten auftauen lassen.

Den Speck in kleine Würfel schneiden. Die Zwiebeln abziehen und fein würfeln. Das Olivenöl erhitzen und den Speck darin glasig anbraten. Die Zwiebelwürfel zugeben und goldgelb rösten. Auskühlen lassen.

Die Sahne schlagen. Die Butter in einem Topf bei schwacher Hitze heiß werden lassen. Das Mehl unterrühren und nur so kurz anschwitzen, dass es hell bleibt. Milch und Sahne zugeben und etwa 2 Minuten unter ständigem Rühren leise kochen lassen. Mit Salz, Pfeffer und Muskatnuss würzen. Den Topf von der Kochstelle nehmen und nacheinander die Eier unterrühren.

Den Backofen auf 220 °C (Umluft 200 °C, Gas Stufe 4–5) vorheizen. Den Blätterteig auf einer leicht bemehlten Arbeitsfläche sehr dünn ausrollen. 8 kleine Förmchen ausbuttern, den Blätterteig einlegen und den Teig mit einer Gabel mehrmals einstechen. Die Speckmischung darauf verteilen und mit der Sauce übergießen.

Die Kuchen 15 Minuten backen. Aus den Förmchen nehmen und auf einer Platte mit Gabeln anrichten.

Tipp
Sie können die Kuchen kalt oder warm servieren. Hierzu passt hervorragend eine Sauce Tartare (siehe Seite 98).

Anstelle von zwei kleinen Haushaltszwiebeln können Sie für den Kuchen auch eine große, milde Gemüsezwiebel verwenden.

Poulardenbällchen

mit grünem Pfeffer und Chili

Für 6 Portionen

600 g Poulardenbrust ohne Haut und Knochen
200 g Weißbrot ohne Rinde
250 g Sahne
2 Eigelbe
2 EL grüne Pfefferkörner
2 EL Kräuter der Provence
150 g geriebener Emmentaler
frisch geriebene Muskatnuss
Salz
Außerdem:
Chilipulver
etwas Butterschmalz

Zubereitungszeit: *30 Minuten*

Das Fleisch durch einen Fleischwolf drehen. Das Weißbrot in der Sahne einweichen.

Hackfleisch, eingeweichtes Brot, Sahne, Eigelbe, Pfeffer, Kräuter und Käse miteinander vermischen und mit Muskatnuss und Salz würzen.

Aus dem Fleischteig mit angefeuchteten Händen kleine Bällchen formen und in Chilipulver wälzen. In einer beschichteten Pfanne Butterschmalz erhitzen und die Bällchen darin knusprig braten.

Tipp
Servieren Sie ein Tomaten-Apfel-Chutney (siehe Seite 100) zu den Poulardenbällchen.

Vorsicht scharf: Knusprige Bällchen aus zartem Poulardenfleisch.

Entenkeulengalettes

mit Morcheln

Die Brötchen zerkleinern und in Milch einweichen. Die Morcheln für 10 Minuten in dem Portwein einweichen.

Die Schalotten und Knoblauchzehen abziehen und fein würfeln. Butterschmalz in einer Pfanne erhitzen und darin die Schalotten- und Knoblauchwürfel sowie das Entenfleisch kurz anbraten.

Den Pfanneninhalt durch einen Fleischwolf drehen und in eine Schüssel geben. Das Brot ausdrücken und mit den Eiern unter die Fleischmasse mischen. Die Morcheln abtropfen lassen und zufügen. Mit den Kräutern, Salz und Pfeffer würzen.

Aus dem Fleischteig kleine Galettes formen. Butterschmalz erhitzen und die Galettes darin knusprig braten. Herausnehmen und mit Gabeln auf einer Platte anrichten.

Tipp
Reichen Sie dazu einen Tomatenketchupdip (siehe Seite 95).

Für 6 Portionen

3 altbackene Brötchen
1/4 l Milch
50 g getrocknete Morcheln
1/8 l Portwein
2 Schalotten
3 Knoblauchzehen
etwas Butterschmalz
500 g ausgelöste Entenkeule
2 Eier
1 EL Kräuter der Provence
Salz, Pfeffer aus der Mühle

Zubereitungszeit: *30 Minuten*

Enten und Jungtiere genießen das frische Grün.

Kleine Kalbsfrikadellen

mit Salbei

Für 4 Portionen

300 g Kalbfleisch
(aus der Oberschale)
2 große Schalotten
30 g Butter
2 EL gehackter Salbei
2 EL Crème fraîche
Salz, Pfeffer aus der Mühle
Außerdem:
etwas Butterschmalz

Zubereitungszeit: *20 Minuten*

Das Kalbfleisch in große Stücke schneiden und durch den Fleischwolf drehen. Die Schalotten abziehen und fein würfeln. Die Butter erhitzen und die Schalottenwürfel darin goldbraun anschwitzen lassen.

In einer Schüssel Kalbfleisch, Schalottenwürfel, Salbei und Crème fraîche miteinander vermischen, salzen und pfeffern. Aus diesem Fleischteig mit feuchten Händen 8 kleine Frikadellen formen.

Etwas Butterschmalz in einer beschichteten Pfanne erhitzen und die Frikadellen darin goldbraun braten. Herausnehmen und nach Bedarf kurz abtropfen lassen. Die Frikadellen auf einer Platte mit Gabeln anrichten.

Tipp
Sie können die Frikadellen warm oder kalt servieren.

Die kleinen Kalbsfrikadellen sind genau richtig fürs Picknick.

Gefüllte Kalbsbällchen

mit Emmentaler

Die Schalotte abziehen und fein würfeln. Die Kürbiskerne fein hacken. Hackfleisch, Ei, Schalotte und Kürbiskerne miteinander vermischen und mit Paprikapulver, Kräutern der Provence, Salz und Pfeffer würzen.

Den Käse in kleine Stücke schneiden. Aus dem Fleischteig mit feuchten Händen kleine Bällchen formen, in die Mitte jeweils ein Stück Käse geben und wieder zudrücken.

Butterschmalz in einer Pfanne erhitzen und die gefüllten Fleischbällchen darin goldbraun braten. Mit Gabeln anrichten und sofort servieren.

Für 4 Portionen

1 große Schalotte
50 g Kürbiskerne
400 g Hackfleisch vom Kalb
1 Ei
1 TL Paprikapulver
1 EL Kräuter der Provence
Salz, Pfeffer aus der Mühle

Für die Füllung:

100 g Emmentaler

Außerdem:

etwas Butterschmalz

Zubereitungszeit: *25 Minuten*

Tipp

Dazu passt sehr gut ein Gorgonzoladip (siehe Seite 94).

Im Inneren der Kalbfleischbällchen steckt zartschmelzender Emmentaler.

Sautierte Rinderfilets

in Champignonköpfen

Für 4 Portionen

20 mittelgroße Champignons
2 EL Olivenöl
Salz, Pfeffer aus der Mühle
Für die Füllung:
400 g Rinderfilet
1 Schalotte
30 g Paprikaschote
30 g Butter
1 EL Thymianblättchen
2 EL Aceto balsamico
Salz, Pfeffer aus der Mühle

Zubereitungszeit: *30 Minuten*

Den Backofen auf 120 °C (Umluft 100 °C, Gas Stufe 1) vorheizen.

Die Stiele von den Champignons entfernen und die Köpfe nach Bedarf mit Küchenkrepp abreiben. Die Pilze etwas aushöhlen. Das Olivenöl in eine feuerfeste Pfanne geben und die Champignons einsetzen. Salzen und pfeffern. Die Pfanne in den heißen Backofen stellen und die Champignons 10 Minuten garen.

Inzwischen das Rinderfilet in so kleine Stücke schneiden, dass es später in die Champignonköpfe passt. Die Schalotte abziehen und fein würfeln. Die Paprikaschote waschen, putzen und das Fruchtfleisch klein hacken.

In einer zweiten Pfanne die Butter erhitzen und das Fleisch darin anbraten. Schalotten, Paprika und Thymian zugeben und 3 Minuten braten. Mit Aceto balsamico ablöschen, salzen und pfeffern.

Die Champignonköpfe mit der Fleischmischung füllen. Mit Gabeln auf einer Platte anrichten und sofort servieren.

Krautwickel

gefüllt mit Kalbsfilet und Steinpilzen

Die Wirsingblätter in kochendem Salzwasser kurz blanchieren, herausheben und auf Küchentüchern auslegen.

Die Schalotte abziehen und fein würfeln. Die Steinpilze in Würfel schneiden. Die Hälfte der Butter erhitzen und die Schalotten- und Pilzstücke darin anbraten. Mit Salz, Pfeffer und den Kräutern würzen.

Den Backofen auf 160 °C (Umluft 140 °C, Gas Stufe 1–2) vorheizen.

Das Kalbsfilet in 8 Scheiben schneiden und leicht würzen. Die Wirsingblätter mit der Pilzmischung bestreichen. Die Fleischscheiben auflegen. Die Wirsingblätter zu kleinen gabelbissengerechten Päckchen einschlagen.

Die restliche Butter in einem feuerfesten Topf erhitzen und die Krautwickel darin anbraten. Den Topf in den heißen Backofen stellen und die Krautwickel 10 Minuten garen. Während der Bratzeit mehrmals mit dem Kalbsfond begießen. Herausnehmen und servieren.

Für 4 Portionen

Salz
8 Blätter Wirsing
1 große Schalotte
200 g frische Steinpilze
60 g Butter
Pfeffer aus der Mühle
1 EL Kräuter der Provence
400 g Kalbsfilet
1/4 l Kalbsfond

Zubereitungszeit: *30 Minuten*

Schweinefilet

mit Roquefort überbacken

Für 4 Portionen

3 Knoblauchzehen
8 Schweinefilets à 50 g
Salz, Pfeffer aus der Mühle
4 EL Kräuter der Provence
200 g Roquefort
Außerdem:
etwas Butterschmalz

Zubereitungszeit: *15 Minuten*

Den Knoblauch abziehen und fein würfeln. Die Schweinefilets salzen, pfeffern und in den Kräutern sowie dem Knoblauch wälzen.

Den Backofen auf 220 °C (Umluft 200 °C, Gas Stufe 4–5) vorheizen. Den Käse in 8 Stücke schneiden.

In einer beschichteten, feuerfesten Pfanne Butterschmalz erhitzen und das gewürzte Fleisch darin 2 Minuten von beiden Seiten anbraten.

Auf jedes Filet ein Stück Roquefort geben. Die Pfanne in den heißen Backofen stellen und das Fleisch 4 Minuten überbacken. Herausnehmen, mit Gabeln anrichten und sofort servieren.

Roquefort – ein besonders intensiv schmeckender Blauschimmelkäse aus Frankreich.

Schweinefilet

mit Ziegenkäse überbacken

Den Backofen auf 200 °C (Umluft 180 °C, Gas Stufe 3–4) vorheizen. Ein Backblech mit Backpapier auslegen.

Die Schweinefilets mit Salz und Pfeffer würzen. Butterschmalz erhitzen und die Fleischstücke darin von jeder Seite etwa 2 Minuten braten.

Die Ziegenkäse halbieren, etwas Olivenöl darüber geben und die Thymianblättchen darauf verteilen.

Die Brotscheiben auf das Backblech setzen und mit je 1 Schweinefilet und 1 Stück Ziegenkäse belegen. Das Backblech in den heißen Backofen geben und die Filets etwa 10 Minuten überbacken lassen. Herausnehmen, auf Gabeln anrichten und sofort servieren.

Für 4 Portionen

8 kleine Schweinefilets à 50 g (Mittelstück)
Salz, Pfeffer aus der Mühle
4 kleine frische Ziegenkäse
2 EL Olivenöl
2 EL Thymianblättchen
8 runde Scheiben Pumpernickel
Außerdem:
etwas Butterschmalz

Zubereitungszeit: *25 Minuten*

Schmeckt unverwechselbar nach Mittelmeer: frischer Ziegenkäse.

Schweinefilet

im Speckmantel

Für 6 Portionen

600 g Schweinefilet
Salz, Pfeffer aus der Mühle
1 große Knoblauchzehe
1 TL Thymianblättchen
1 TL Currypulver
1 EL Dijon-Senf
2 EL Olivenöl
12 Scheiben durchwachsener Speck
Außerdem:
etwas Butterschmalz

Zubereitungszeit: *30 Minuten*

Leider eher die Ausnahme: Schweinezucht mit Auslauf ins Freie.

Das Schweinefilet in 12 Stücke schneiden, salzen und pfeffern. Den Knoblauch abziehen und fein würfeln.

In einer Schüssel Knoblauch, Thymian, Currypulver, Senf und Olivenöl miteinander vermischen. Mit einem Pinsel die Schweinefilets mit der Gewürzmischung einpinseln.

Die Filets jeweils mit 1 Scheibe Speck umwickeln und diese mit einem Zahnstocher befestigen.

Butterschmalz in einer Pfanne erhitzen und die Filets im Speckmantel in etwa 3 Minuten pro Seite kross braten.

Die Zahnstocher entfernen. Die Filets mit Gabeln anrichten und sofort servieren.

Tipp
Hierzu passt sehr schön eine Knoblauchbutter (siehe Seite 88).

Schweinefiletröllchen

mit Schinken und Salbei

Das Schweinefilet in 16 dünne Scheiben schneiden und zwischen Frischhaltefolie dünn klopfen.

Den Schinken in 16 Stücke schneiden. Je ein Stück Schinken und ein Salbeiblatt auf ein Schweinefilet legen. Jedes Filet aufrollen und jeweils 4 Röllchen auf einen Holzspieß geben. Mit Salz und Pfeffer würzen.

Butterschmalz in einer großen Pfanne erhitzen. Die Fleischspieße darin von beiden Seiten etwa 12 Minuten braten. Herausnehmen und die Holzspieße entfernen. Die Röllchen mit Gabeln auf einer Platte anrichten.

Tipp
Servieren Sie dazu eine Tapenade (siehe Seite 99).

Für 16 Stück

800 g Schweinefilet (Mittelstück)
4 dünne Scheiben gekochter Schinken
16 Blätter Salbei
Salz, Pfeffer aus der Mühle
Außerdem:
etwas Butterschmalz

Zubereitungszeit: *40 Minuten*

Saftiges Schweinefilet, gefüllt mit zartem Schinken und würzigem Salbei.

Poulardenroulade

mit Pfläumchen

Für 4 Portionen

4 Poulardenbrüste ohne Knochen
Salz, Pfeffer aus der Mühle
8 Scheiben Parmaschinken
8 weiche Trockenpflaumen ohne Kerne
Außerdem:
etwas Butterschmalz

Zubereitungszeit: *20 Minuten*

Die Poulardenbrust unter fließendem kaltem Wasser abspülen und trockentupfen. Jede Poulardenbrust quer halbieren, zwischen Frischhaltefolie legen und mit einem Topf oder Plattiereisen vorsichtig platt klopfen, um Rouladen daraus zu formen. Mit Salz und Pfeffer würzen.

Je 1 Scheibe Parmaschinken auf 1 Poulardenbrusthälfte geben und mit 1 Trockenpflaume belegen. Das Fleisch zu Rouladen rollen und mit Zahnstocher feststecken.

In einer beschichteten Pfanne Butterschmalz erhitzen und die Rouladen darin in etwa 10 Minuten goldbraun braten. Herausnehmen und abtropfen lassen.

Tipp
Sie können die Rouladen warm oder kalt essen. Richten Sie sie auf einem Salatbouquet an, und servieren Sie frisches Kartoffelpüree dazu.

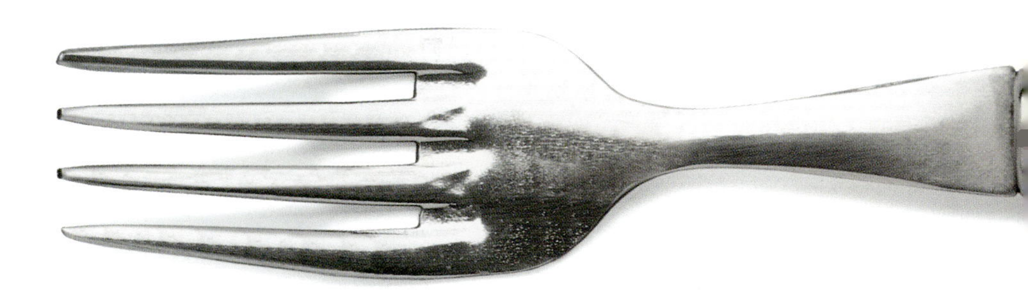

Minirouladen vom Kalb

mit Sauerkraut

Für 4 Portionen

1 Apfel
4 EL Sauerkraut
2 EL Weißwein
2 Kalbsrouladen
Salz, Pfeffer aus der Mühle
30 g Butter
1/4 l Kalbsfond

***Zubereitungszeit:** 35 Minuten*

Den Apfel waschen, Stielansatz und Kerngehäuse entfernen und das Fruchtfleisch fein reiben. Sauerkraut, Weißwein und Apfel zusammen aufkochen und bei schwacher Hitze 15 Minuten leise kochen lassen.

Die Kalbsrouladen mit dem Handrücken flach drücken, mit Salz und Pfeffer würzen. Die Rouladen quer halbieren. Jedes Stück Fleisch mit etwas Sauerkrautmischung besetzen, so dass rechts und links ein kleiner Rand frei bleibt. Das Fleisch zu Minirouladen aufrollen und mit Zahnstochern feststecken.

Die Butter in einem Topf erhitzen und die Minirouladen darin etwa 4 Minuten anbraten. Den Kalbsfond zugießen und die Rouladen bei mittlerer Hitze 10 Minuten im geschlossenen Topf schmoren lassen. Herausnehmen, mit Gabeln anrichten und sofort servieren.

Tipp
Reichen Sie als Beilage ein Topinamburpüree.

Perlhuhntaschen

mit Spinat gefüllt

Den Spinat waschen, kurz in Salzwasser blanchieren und ausdrücken. Die Tomate mit kochendem Wasser überbrühen, abziehen, die Samen entfernen und das Fruchtfleisch in kleine Würfel schneiden. Die Schalotte abziehen und fein würfeln.

Die Butter erhitzen und die Schalottenwürfel darin glasig braten. Die Tomatenwürfel unterrühren, salzen und pfeffern. Den Spinat zufügen und garen, bis er in sich zusammenfällt.

In jede Perlhuhnbrust eine Tasche schneiden und die Spinatmischung einfüllen. Mit Salz und Pfeffer würzen.

Butterschmalz in einer beschichteten Pfanne erhitzen und die Perlhuhnbrüste darin etwa 15 Minuten braten. Herausnehmen. Jede Perlhuhnbrust schräg in 4 Teile schneiden, mit Gabeln anrichten und sofort servieren.

Für 4 Portionen

Salz
200 g frischer Spinat
1 Tomate
1 Schalotte
1 EL Butter
2 Perlhuhnbrüste ohne Knochen
Pfeffer aus der Mühle
Außerdem:
etwas Butterschmalz

Zubereitungszeit: *25 Minuten*

Junger, zarter Blattspinat eignet sich blanchiert hervorragend für Füllungen.

Lammfilet

im Kräuter-Knoblauch-Mantel

Für 4 Portionen

Für die Marinade:
1 Schalotte
6 Knoblauchzehen
1 EL Dijon-Senf
1 EL gehackter Salbei
1 EL gehackte Petersilie
1 EL gehackter Rosmarin
1 EL gehackter Thymian
6 EL Olivenöl
Außerdem:
8 Lammfilets
Salz, Pfeffer aus der Mühle
etwas Butterschmalz

Zubereitungszeit: 15 Minuten

Die Schalotte und den Knoblauch abziehen und fein würfeln. In einer Schüssel Schalotten- und Knoblauchwürfel, Senf, Kräuter und Olivenöl miteinander vermischen.

Die Lammfilets salzen, pfeffern, in die Marinade legen und etwa 5 Minuten marinieren lassen.

Jedes Lammfilet wie eine Schnecke aufrollen und mit einem Zahnstocher zusammenhalten. Butterschmalz in einer beschichteten Pfanne erhitzen und die Lammfilets darin etwa 2 Minuten von jeder Seite braten. Mit der Marinade übergießen und sofort servieren.

Das beste Stück vom Lamm profitiert von einer aromatischen Kräutermarinade.

Lammrücken

im Kräutermantel

Den Backofen auf 220 °C (Umluft 200 °C, Gas Stufe 4–5) vorheizen.

Für den Kräutermantel Ei, Senf, Olivenöl und Paniermehl miteinander vermischen. Butter, Kräuter, Salz und Pfeffer zugeben und alles vermischen, bis eine Paste entsteht.

Den Lammrücken in 1 Zentimeter dicke Stücke schneiden und mit Salz und Pfeffer würzen.

Butterschmalz in einer großen Pfanne erhitzen und die Lammfilets darin etwa 1 Minute pro Seite goldbraun braten. Herausnehmen und auf ein Backblech legen.

Die Kräuterpaste auf das Lammfleisch streichen. Das Backblech in den heißen Backofen geben und das Fleisch 5 Minuten überbacken. Herausnehmen, kurz ruhen lassen, in gabelbissengerechte Stücke schneiden und mit Gabeln servieren.

Tipp

Reichen Sie hierzu eine Knoblauchbutter (siehe Seite 88).

Für 4 Portionen

Für den Kräutermantel:

1 Ei
2 EL Dijon-Senf
2 EL Olivenöl
2 EL Paniermehl
1 EL weiche Butter
2 EL Kräuter der Provence
Salz, Pfeffer aus der Mühle

Außerdem:

400 g ausgelöster Lammrücken
Salz, Pfeffer aus der Mühle
etwas Butterschmalz

Zubereitungszeit: *25 Minuten*

Schafe und Lämmer sind im Sommer nahezu ununterbrochen auf der Weide.

Entenbrust

in Orangen-Ingwer-Sauce

Für 4 Portionen

2 Entenbrüste
1/4 l Orangensaft
Salz, Pfeffer aus der Mühle
etwas Butterschmalz
Für die Sauce:
60 g Zucker
2 EL frisch gehackter Ingwer
80 ml Sojasauce
80 ml Portwein
Salz, Pfeffer aus der Mühle

Zubereitungszeit: *35 Minuten*

Die Entenbrüste unter fließendem kaltem Wasser kurz abspülen, trockentupfen und in mundgerechte Stücke schneiden. Mit dem Orangensaft in einen Topf geben und zugedeckt 15 Minuten garen lassen. Das Fleisch herausnehmen, abtropfen lassen und trockentupfen. Mit Salz und Pfeffer würzen.

In einer beschichteten Pfanne Butterschmalz erhitzen und die Entenbrüste darin von beiden Seiten knusprig anbraten. Das Fleisch herausnehmen.

Das Bratfett abgießen. Zucker und Ingwer in die heiße Pfanne geben und unter Rühren kurz karamellisieren lassen. Mit Sojasauce und Portwein ablöschen und etwas einkochen lassen. Salzen und pfeffern.

Die Entenbrüste jeweils halbieren. Den Orangensaft zugießen, die Entenbrüste mit der Orangen-Ingwer-Sauce beträufeln und sofort mit Gabeln servieren.

Nudeln und Taubenbrust

in Portweinsauce

Die Nudeln in kochendem Salzwasser al dente garen und zur Seite stellen.

Die Taubenbrüstchen salzen und pfeffern. Das Olivenöl mit 1 Esslöffel Butter erhitzen und die Taubenbrüstchen darin etwa 2 Minuten pro Seite anbraten. Aus der Pfanne nehmen, in Alufolie wickeln und warm halten.

Das Bratfett abschütten. Den Bratsatz mit Port- und Rotwein ablöschen und bei schwacher Hitze leise kochen lassen. Die Crème fraîche einrühren und einkochen lassen.

Inzwischen 1 Esslöffel Butter erhitzen, die Nudeln darin kurz erwärmen und salzen.

Die Sauce von der Kochstelle nehmen und die restliche kalte Butter mit einem Schneebesen in die Sauce schlagen. Die Taubenbrüstchen in die Sauce legen.

Die Spaghetti auf vier Gabeln drehen und jeweils auf einen Teller geben. Die Taubenbrüstchen quer in gabelbissengerechte Stücke schneiden, mit den Nudeln anrichten und mit der Sauce nappieren.

Für 4 Portionen

100 g frische Nudeln
Salz
4 Taubenbrüstchen ohne Knochen
Pfeffer aus der Mühle
1 EL Olivenöl
3 EL Butter
4 EL Portwein
2 EL Rotwein
4 EL Crème fraîche

Zubereitungszeit: *30 Minuten*

Kaninchen

in Tomaten-Rosmarin-Sud

Für 4 Portionen

600 g ausgelöstes Kaninchenfleisch
4 Tomaten
1 Bund Basilikum
4 EL Olivenöl
Salz, Pfeffer aus der Mühle
2 EL gehackter Rosmarin
1 EL gehackte schwarze Oliven
1/4 l Weißwein
30 g Butter
4 EL Cognac

Zubereitungszeit: *30 Minuten*

Das Kaninchenfleisch kalt abspülen, trockentupfen und in gabelbissengerechte Stücke teilen.

Die Tomaten mit kochendem Wasser überbrühen, abziehen, die Samen entfernen und das Fruchtfleisch in kleine Würfel schneiden. Das Basilikum waschen, trockenschleudern und klein schneiden.

Das Olivenöl erhitzen und das Kaninchenfleisch darin von allen Seiten anbraten. Mit Salz und Pfeffer würzen. Tomaten, Rosmarin, Oliven und Basilikum zufügen. Den Wein angießen. Unter öfterem Wenden etwa 15 Minuten schmoren lassen.

Die Butter und den Cognac in die Sauce einrühren und kurz aufkochen lassen. Das Gericht mit Gabeln anrichten und sofort servieren.

Zum Entkernen werden die Tomaten am besten halbiert, dann löst man einfach die Kerne mit einem Teelöffel heraus.

Kaninchenfilet

mit Fenchelsamen

Für 4 Portionen

4 Kaninchenfilets
3 Knoblauchzehen
2 EL Fenchelsamen
1 TL Pernod
Salz, Pfeffer aus der Mühle
Außerdem:
etwas Butterschmalz

Zubereitungszeit: *15 Minuten*

Frischer Knoblauch darf in fast keinem südländischen Gericht fehlen.

Die Kaninchenfilets unter fließendem kaltem Wasser kurz abspülen, trockentupfen und in gabelbissengerechte Stücke schneiden.

Den Knoblauch abziehen und fein würfeln. In einer Schüssel Knoblauchwürfel, Fenchelsamen und Pernod miteinander vermischen, salzen und pfeffern.

Die Fleischstücke in die Gewürzmischung legen und mehrmals darin wenden.

Etwas Butterschmalz in einer beschichteten Pfanne erhitzen und die Kaninchenfilets darin in etwa 4 Minuten goldbraun braten. Herausnehmen, mit Gabeln anrichten und sofort servieren.

Tipp
Geben Sie hierzu eine Kräutervinaigrette (siehe Seite 89), und richten Sie alles auf Salat an.

Rehnüsschen

mit Gemüsebrunoise

Möhre, Sellerie und Porree putzen und klein würfeln. Etwa 3 Minuten blanchieren, abtropfen lassen und abschrecken.

Das Fleisch in 8 Medaillons schneiden und würzen. Das Fleisch in 30 Gramm Butter etwa 2 Minuten von jeder Seite rosa anbraten. Herausnehmen und warm halten.

Den Bratensaft mit dem Wein ablöschen. Fond und Essig einrühren und die Flüssigkeit einkochen lassen. Das Gemüse in die Sauce geben und kurz erwärmen. Die Pfanne von der Kochstelle nehmen. Die restliche kalte Butter unter die Sauce schlagen, salzen und pfeffern.

Die Rehmedaillons mit der Sauce und Gabeln auf einer Platte anrichten und sofort servieren.

Für 4 Portionen

120 g Möhre
120 g Sellerieknolle
120 g Porree
400 g Rehrücken ohne Knochen
Salz, Pfeffer aus der Mühle
60 g Butter
1/8 l Rotwein
1/8 l Wildfond
2 EL Aceto balsamico

Zubereitungszeit: *20 Minuten*

Auf Gemüsewürfelchen und Rotwein gebettet: rosa gebratene Rehnüsschen.

Saltimbocca

von der Kalbsleber

Für 4 Portionen

2 Kalbsleberscheiben à 150 g
2 Scheiben Parmaschinken
8 Blätter Salbei
3 EL Olivenöl
3 EL Aceto balsamico
3 EL Rotwein
3 EL Crème fraîche
Salz, Pfeffer aus der Mühle

Zubereitungszeit: *20 Minuten*

Die Leber und den Schinken jeweils in 4 gabelbissengerechte Stücke schneiden.

Je 1 Stück Leber, 1 Stück Parmaschinken und 1 Salbeiblatt übereinander schichten und mit einem Zahnstocher feststecken.

Das Olivenöl in einer Pfanne erhitzen und die Leberstückchen darin 2 Minuten braten. Herausnehmen, in Alufolie wickeln und warm halten.

Das restliche Olivenöl aus der Pfanne abgießen und den Bratfond mit Aceto balsamico und Rotwein ablöschen. Crème fraîche einrühren und die Sauce kurz aufkochen lassen. Mit Salz und Pfeffer würzen.

Die Zahnstocher entfernen. Die kleinen Happen in die Sauce geben, mit Gabeln anrichten und sofort servieren.

Kalbsnieren und Steinpilze

in Cognacsauce

Für 4 Portionen

2 Kalbsnieren ohne Fett
1 große Schalotte
200 g frische Steinpilze
etwas Butterschmalz
Salz, Pfeffer aus der Mühle
4 EL Cognac
4 EL Crème fraîche
1 EL gehackte Petersilie

Zubereitungszeit: *20 Minuten*

Die Kalbsnieren in gabelbissengerechte Stücke schneiden. Die Schalotte abziehen und fein würfeln. Die Steinpilze säubern und klein schneiden.

Butterschmalz in einer Pfanne erhitzen, die Kalbsnieren mit Salz und Pfeffer würzen und scharf anbraten. Schalottenwürfel und Steinpilze zugeben und etwa 2 Minuten mitbraten. Alles aus der Pfanne nehmen und warm halten.

Den Bratfond mit dem Cognac ablöschen. Crème fraîche und Petersilie zugeben und kurz leise kochen lassen. Mit Salz und Pfeffer würzen.

Die Nieren und die Steinpilze in die Sauce geben und sofort auf einer Platte anrichten.

Tipp
Dekorieren Sie das Gericht mit frischen Kräutern der Saison.

Saucen und feine Dips

Geschmack und Aroma in konzentrierter Form: hier finden Sie Knoblauchbutter, Saucen, Dips oder Vinaigrettes. Bemessen Sie die Mengen großzügig, denn erfahrungsgemäß erfreuen sich diese feinen Begleiter großer Beliebtheit.

Knoblauchbutter

vielseitig verwendbar

Für 6 Portionen

6 Knoblauchzehen
2 Schalotten
2 Bund Petersilie
250 g weiche Butter
2 EL gehackte Mandeln
1 EL Pernod
1 TL Cayennepfeffer
Salz

Zubereitungszeit: *20 Minuten*

Den Knoblauch und die Schalotten abziehen und fein würfeln. Die Petersilie waschen, trockenschleudern und die Blätter fein hacken.

Die Butter in einer Schüssel zu einer homogenen Konsistenz aufschlagen. Alle Zutaten zufügen, gut vermischen und würzig abschmecken.

Info
Die Knoblauchbutter können Sie gut aufbewahren. Dazu die Butter rollen, in Alufolie wickeln und einfrieren. Nach Bedarf kann man die Knoblauchbutter in Scheiben schneiden und etwa zu Lamm, Rind, Gemüse und gegrilltem Fisch servieren.

Für Grillfans ist die selbst gemachte Knoblauchbutter ein Muss.

Kräutervinaigrette

raffiniert gewürzt

Petersilie, Basilikum, Dill und Schnittlauch waschen und trockenschleudern bzw. trockentupfen. Petersilie, Basilikum und Dill grob hacken, den Schnittlauch in Röllchen schneiden. Den Knoblauch abziehen und in Würfel schneiden.

Kräuter, Knoblauch, Senf und Essig in einem Mixer pürieren, dabei nach und nach das Öl einlaufen lassen. Mixen, bis eine homogene Sauce entstanden ist. Die Vinaigrette mit Salz und Pfeffer würzen.

Tipp
Die Kräutervinaigrette passt hervorragend zu frischen Blattsalaten, Fisch und Gemüse.

Info
Die Basis einer jeden Vinaigrette sind Essig und Öl, im Verhältnis 1 : 4. Je nach Saison kann man die Kombination der Kräuter verändern, doch sollte man darauf achten, dass die Kräuter immer frisch sind. Die hier zubereitete Menge reicht für viele Portionen, nach Bedarf kann man auch weniger zubereiten.

Für 4 Portionen

1 kleiner Bund glatte Petersilie
1 kleiner Bund Basilikum
1 kleiner Bund Dill
1 Bund Schnittlauch
2 Knoblauchzehen
1 EL Dijon-Senf
80 ml Weißweinessig
300 ml Olivenöl
Salz, Pfeffer aus der Mühle

Zubereitungszeit: *10 Minuten*

Je frischer die Kräuter, desto aromatischer schmeckt die Vinaigrette.

Dip von Dijon-Senf

auch farblich interessant

Senf und Eigelbe in einen Mixer geben und kurz aufmixen. Den Essig und den Sherry zufügen und ebenfalls kurz aufmixen. Nach und nach das Olivenöl zufügen, bis eine sämige Konsistenz entstanden ist. Zum Schluss den Quark einrühren. Mit Salz und Pfeffer würzen.

Tipp
Dieser Dip passt sehr gut zu Rohkost, kaltem Braten, pochiertem Fisch oder Garnelen.

Für 4 Portionen

2 EL Dijon-Senf
2 Eigelbe
3 EL Weißweinessig
1 EL Sherry
6 EL Olivenöl
2 EL Quark
Salz, Pfeffer aus der Mühle

Zubereitungszeit: *10 Minuten*

Nichts färbt Saucen schöner und geschmackvoller gelb als Safranfäden.

Safrandip

für edle Gerichte

Die Crème fraîche mit dem Safranpulver in eine Schüssel geben und mit einem Schneebesen cremig schlagen. Nach und nach Zitronensaft, Essig und Öl unter ständigem Rühren einlaufen lassen. Mit Salz und Pfeffer würzen.

Tipp
Dieser Dip passt zu jedem Fischgericht, etwa zu Fischterrinen und Fischklößchen.

Für 4 Portionen

200 g Crème fraîche
1/2 TL Safranpulver
Saft von 1 Zitrone
1 EL Weißweinessig
2 EL Walnussöl
Salz, Pfeffer aus der Mühle

Zubereitungszeit: *5 Minuten*

Basilikumdip

mit mediterranem Flair

Für 4 Portionen

1 Bund Basilikum
3 EL Olivenöl
2 EL Weißweinessig
250 g Joghurt
Salz, Pfeffer aus der Mühle

Zubereitungszeit: *5 Minuten*

Das Basilikum waschen und trockentupfen. Die Blätter von den Stielen zupfen.

Olivenöl, Essig und Joghurt in einen Mixer füllen und kurz aufmixen. Nach und nach das Basilikum zugeben und alles pürieren, bis eine feine Konsistenz erreicht ist. Salzen und pfeffern.

Tipp
Servieren Sie diesen Dip zu Gerichten mit Gemüse, vor allem Tomaten. Er passt auch sehr gut zu Terrinen verschiedenster Art.

Meerrettichdip

angenehm scharf

Für 4 Portionen

1 Knoblauchzehe
300 g Crème fraîche
4 EL Rotweinessig
4 EL Meerrettich aus dem Glas
Salz, Pfeffer aus der Mühle

Zubereitungszeit: *5 Minuten*

Die Knoblauchzehe abziehen, grob hacken und in einen Mixer geben.

Crème fraîche, Rotweinessig und Meerrettich zufügen. Alles ganz kurz aufmixen. Mit Salz und Pfeffer würzen.

Tipp
Dieser Dip ist ideal zu geräuchertem Fisch.

Minze-Zitronen-Dip

erfrischend leicht

Für 4 Portionen

1 Bund Minze
2 Zitronen
4 Schalotten
100 ml Olivenöl
125 g Joghurt
Salz, Pfeffer aus der Mühle

Zubereitungszeit: *10 Minuten*

Die Minze waschen, trockentupfen und die Blätter von den Stielen zupfen. Die Zitronen waschen und so fein schälen, dass auch die weißen Häutchen mit entfernt werden. Die Zitronen filetieren, um die Trennwände zu entfernen und die saftigen Segmente mit ihrem Fruchtfleisch zu erhalten.

Die Schalotten abziehen und grob zerteilen. Zusammen mit den Zitronenfilets und der Minze in einen Mixer geben und aufmixen. Nach und nach das Öl einlaufen lassen und den Joghurt zufügen. Mit Salz und Pfeffer würzen.

Tipp
Wenn Sie diese Sauce in ein Schraubglas mit Deckel füllen, hält sie sich 1 Woche im Kühlschrank.

Feine Zitronensäure und frische Minze ergänzen sich in diesem Dip bestens.

Gorgonzoladip

leicht pikant

Für 4 Portionen

200 g Gorgonzola
6 EL Cognac
1 kleine Zwiebel
6 EL Crème fraîche
Pfeffer aus der Mühle

Zubereitungszeit: *10 Minuten*

Den Käse grob zerkleinern. Zusammen mit dem Cognac in einen Mixer geben und kurz aufmixen.

Die Zwiebel abziehen und fein würfeln. Die Crème fraîche in einer Schüssel mit einem Schneebesen schaumig aufschlagen.

Die Zwiebel und die Käsemischung unter die Crème fraîche rühren. Mit Pfeffer würzen.

Tipp
Dieser pikante Dip passt sehr gut zu Fleischgerichten verschiedenster Art, etwa zu den Perlhuhntaschen, die mit Spinat gefüllt sind (siehe Seite 75).

Info
Gorgonzola ist ein italienischer Blauschimmelkäse, der sich sehr gut zum Kochen eignet. Sein zarter Schmelz kommt vor allem in Saucen gut zur Geltung.

Perfekte Kombination: Zartes Schweinefilet mit würzigem Gorgonzoladip.

Tomatenketchupdip

ideal zur Grillsaison

Das Ei hart kochen, etwas auskühlen lassen und fein hacken. Die Schalotte abziehen und fein würfeln. Die Cornichons klein hacken.

In einer Schüssel Ketchup, Cognac, Olivenöl und Balsamico-Essig miteinander verrühren. Mit Salz, Pfeffer und Currypulver würzen.

Zum Schluss Ei-, Schalotten- und Cornichonsstücke unterheben. Bis zur Verwendung kalt stellen.

Tipp
Dieser Dip passt zu allen Grillgerichten.

Für 6 Portionen

1 Ei
1 Schalotte
4 Cornichons
1/4 l Ketchup
2 EL Cognac
5 EL Olivenöl
2 EL Balsamico-Essig
Salz, Pfeffer aus der Mühle
1 TL Currypulver

Zubereitungszeit: *20 Minuten*

Einfach und ganz schnell gemacht: raffiniert aufgepeppter Ketchup.

Gurkendip

am besten frisch zubereitet

Für 4 Portionen

1 Gurke
1 Knoblauchzehe
125 g Crème fraîche
3 EL Olivenöl
125 g Joghurt
3 EL Zitronensaft
Salz

Zubereitungszeit: *10 Minuten*

Die Gurke waschen, schälen und fein reiben. Den Knoblauch abziehen und durch eine Knoblauchpresse drücken.

Gurkenmus, Crème fraîche, Öl, Joghurt und Zitronensaft miteinander verrühren. Die Knoblauchmasse unterarbeiten. Mit Salz würzen.

Tipp
Der Gurkendip passt bestens zu Rohkost.

Avocadodip

gehaltvoll, aber gut

Für 4 Portionen

2 reife Avocados
1 EL Dijon-Senf
125 g Joghurt
6 EL Zitronensaft
1 TL Tabasco
Salz, Pfeffer aus der Mühle

Zubereitungszeit: *10 Minuten*

Die Avocados schälen und vom Kern befreien. Das Fruchtfleisch grob zerteilen und in einen Mixer geben.

Senf, Joghurt, Zitronensaft und Tabasco zugeben und alles pürieren. Mit Salz und Pfeffer würzen.

Sauce Tartare

vielseitig verwendbar

Für 4 Portionen

2 Eier
1 TL Dijon-Senf
Salz, Pfeffer aus der Mühle
6 EL Pflanzenöl
2 EL Rotweinessig
6 Cornichons
1 EL Kapern
1 EL Schnittlauchröllchen
1 EL gehackter Estragon
1 EL gehackter Kerbel

***Zubereitungszeit:** 30 Minuten*

Die Eier hart kochen und auskühlen lassen. Die Eier pellen, Eiweiß und Eigelbe trennen.

In einen Mixer Eigelbe, Senf, Salz und Pfeffer geben und kurz aufmixen. Auf niedriger Mixstufe nach und nach langsam das Öl einlaufen lassen. Zum Schluss den Essig einarbeiten. Die Masse in eine Schüssel füllen.

Die Cornichons in kleine Würfel schneiden. Die Kapern und das gekochte Eiweiß fein hacken. Zusammen mit den Kräutern unter das Püree heben. Die Schüssel abdecken, in den Kühlschrank stellen und die Sauce auskühlen lassen.

Tipp
Die Tatarensauce ist eine wunderbare Ergänzung zu Fondue und Kochfisch. Statt Schnittlauch kann man auch Petersilie verwenden.

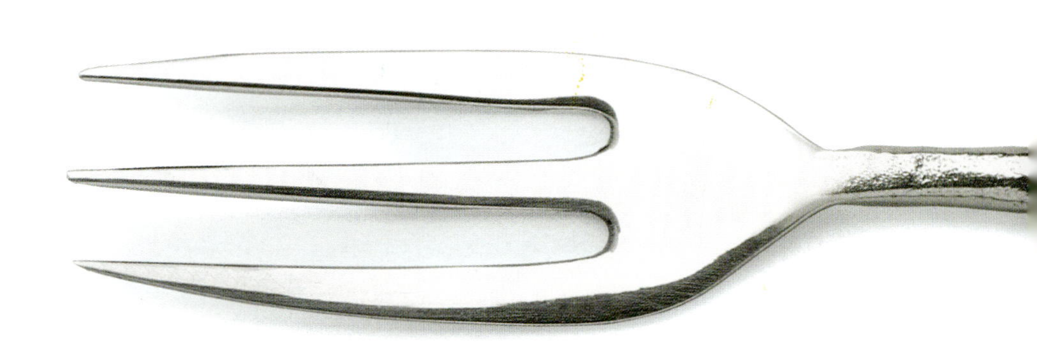

Tapenade

klassische Kreation

Die Oliven, Sardellen und Kapern über einem Sieb abtropfen lassen. Den Knoblauch abziehen.

Oliven, Sardellen, Kapern, Knoblauch und Thymian in einem Mixer fein pürieren, dabei nach und nach das Olivenöl untermixen. Mit Pfeffer würzen.

Für 4 Portionen

250 g schwarze, steinlose Oliven
100 g Sardellenfilets in Öl
100 g Kapern
2 Knoblauchzehen
1 TL Thymianblättchen
4 EL Olivenöl
Pfeffer

Zubereitungszeit: *10 Minuten*

Tipp

Tapenade passt wunderbar zum Aperitif auf geröstetem Brot oder zu gegrilltem Fisch. Sie können sie auch als Nudelsauce verwenden.

Info

Dieses provenzalische Püree kann in seiner Konsistenz nach Belieben grob oder fein sein. In einem Schraubglas mit Deckel hält sich eine Tapenade bis zu 3 Tage im Kühlschrank.

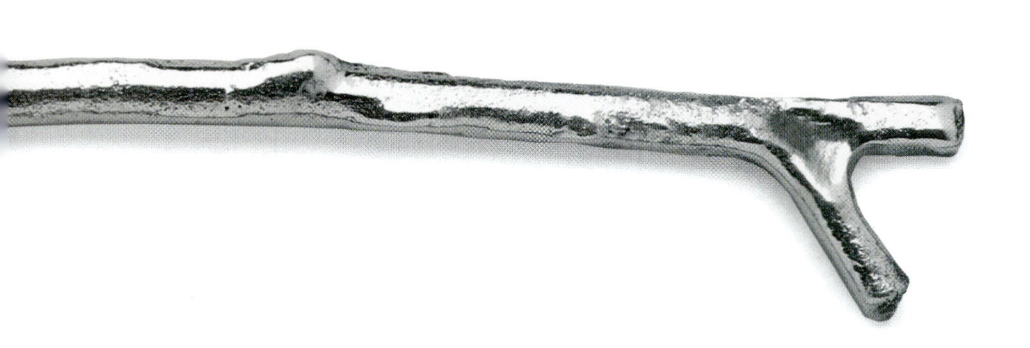

Tomaten-Apfel-Chutney

säuerlich-pikant

Für 4 Portionen

2 Tomaten
2 Äpfel
2 Zwiebeln
1 EL gehackter Ingwer
1 EL gehackter Rosmarin
1 EL Apfelessig
Salz, Pfeffer aus der Mühle

Zubereitungszeit: *45 Minuten*

Die Tomaten mit kochendem Wasser überbrühen, abziehen, die Samen entfernen und das Fruchtfleisch in kleine Würfel schneiden.

Die Äpfel waschen, Stielansätze und Kerngehäuse entfernen und das Fruchtfleisch fein reiben. Die Zwiebeln abziehen und ebenfalls fein reiben.

Die vorbereiteten Zutaten mit Ingwer, Rosmarin und Apfelessig aufkochen und zugedeckt bei schwacher Hitze 30 Minuten lang leise kochen lassen. Salzen und pfeffern. Das Chutney umfüllen und abkühlen lassen.

Tipp
Diese Geschmacksrichtung passt ideal zu allem Gegrillten.

Der fruchtig-leichte Dip überzeugt nicht nur Figurbewusste.

Grand-Marnier-Dip

für süße Gaumen

Quark und Crème fraîche mit einem Schneebesen cremig miteinander verrühren.

Zucker und Grand Marnier einrühren. Orangen- und Zitronensaft, Eigelb und Honig zufügen und gut unterarbeiten.

Den Dip abdecken und im Kühlschrank etwas ruhen lassen.

Tipp
Dieser Dip schmeckt vorzüglich zu Kuchen, Tartes, Crêpes und Pfannkuchen.

Info
Bereiten Sie diesen Dip immer frisch zu und stellen ihn bis zur Verwendung in den Kühlschrank, da er rohes Eigelb enthält.

Für 6 Portionen

100 g Magerquark
100 g Crème fraîche
2 EL Zucker
4 EL Grand Marnier
Saft von 1 Orange
Saft von 1 Zitrone
1 Eigelb
2 EL Honig

Zubereitungszeit: *10 Minuten*
Kühlzeit: *30 Minuten*

Wer die Wahl hat, hat die Qual: Waldhonig, Akazienhonig, Lavendelhonig ...

Gabelweise Desserts

Ob als cremige Verführung in Form von Kakao-Cognac-Trüffel oder als fruchtige Erfrischung wie Schokoladen-Erdbeeren, Rezeptbeispiele gibt es in diesem Kapitel reichlich. Verführen Sie Ihre Gäste mit gratinierten Pfirsichen, zarten Profiteroles, Zitronenbisquit oder Kürbiskuchen mit Safran und natürlich Mousse au chocolat.

Kakao-Cognac-Trüffel

klein, aber fein

Für 60 Stück

150 g Kakaopulver
300 g Puderzucker
100 g weiche Butter
150 g Sahne
4 EL Cognac
Außerdem:
Kakao zum Wälzen

Zubereitungszeit: *30 Minuten*
Kühlzeit: *30 Minuten*

Alle Zutaten im Mixer zu einer festen Masse verrühren. Die Schokoladenmasse in eine Schüssel geben und etwa 30 Minuten kalt stellen.

Mit einem Teelöffel kleine Portionen von der Masse abstechen und mit den Händen zu Kugeln formen. Die Hände dabei immer wieder mit kaltem Wasser abkühlen, damit die Trüffel nicht zu weich werden. Die Trüffel im Kakaopulver wälzen. Bis zum Verzehr in den Kühlschrank stellen.

Info
Trüffel erhalten ihre cremig-zarte Konsistenz durch die Butter. Je mehr Butter Trüffel also enthalten, desto feiner zergehen sie auf der Zunge. Dabei versteht es sich von selbst, dass alle Zutaten frisch sein sollen, um dieses besondere Geschmackserlebnis zu erhalten. Frische Trüffel halten sich im Kühlschrank maximal 4 Tage.

Passt perfekt zum Trüffel-Dessert: ein starker schwarzer Kaffee.

Trüffel

mit Grand Marnier

Die Schokolade in Stücke teilen und mit dem Grand Marnier in einer Metallschüssel im heißen Wasserbad schmelzen lassen.

Sobald die Schokolade geschmolzen ist, nach und nach die Butter einrühren. Den Puderzucker zufügen und gut einarbeiten. Die Masse für etwa 2 Stunden in den Kühlschrank stellen. Die Schokoladenmasse sollte etwas fest, aber nicht zu hart sein.

Mit einem Teelöffel kleine Portionen von der Masse abstechen und mit den Händen zu Kugeln formen. Die Hände dabei immer wieder mit kaltem Wasser abkühlen, damit die Trüffel nicht zu weich werden. Die Trüffel im Kakaopulver wälzen. Am besten in Pralinenförmchen setzen und bis zum Verzehr in den Kühlschrank stellen.

Für etwa 65 Stück

350 g Bitterschokolade
5 EL Grand Marnier
175 g weiche Butter
100 g Puderzucker
Außerdem:
100 g Kakaopulver

Zubereitungszeit: *30 Minuten*
Kühlzeit: *2 Stunden*

Zu den glänzend verpackten Trüffel kann man einfach nicht nein sagen.

Kandierte Pflaumen

süße Verführung

Für 6 Portionen

90 g Zucker
24 getrocknete Pflaumen
4 EL Honig
Außerdem:
einige Tropfen Vanilleextrakt

Zubereitungszeit: *45 Minuten*
Kühlzeit: *1 Stunde*

Den Backofen auf 180 °C (Umluft 160 °C, Gas Stufe 2–3) vorheizen. Eine feuerfeste Form mit der Hälfte des Zuckers ausstreuen.

Die Pflaumen nebeneinander in die Form legen. Den restlichen Zucker darüber streuen und den Honig darüber träufeln.

Die Form in den heißen Backofen stellen und den Zucker karamellisieren lassen; das dauert etwa 35 Minuten.

Eine Servierschüssel mit dem Vanilleextrakt ausstreichen. Die Pflaumen in die Schüssel geben und erkalten lassen. Mit Gabeln anrichten und servieren.

Schokoladen-Erdbeeren

ein Sommerdessert

Für 4 Portionen

200 g Kuvertüre
4 EL Grand Marnier
300 g Erdbeeren
50 g Zucker

Zubereitungszeit: *15 Minuten*

Die Kuvertüre in Stücke teilen und mit dem Grand Marnier in einer Metallschüssel im heißen Wasserbad schmelzen lassen.

Die Erdbeeren mit dem Strunk waschen und vollständig trockentupfen. Die Erdbeeren in die zerlassene Kuvertüre tauchen und im Zucker wälzen. Auf Backpapier ablegen und die Kuvertüre trocknen lassen.

Tatar von getrockneten Früchten

auf Äpfeln

Die Trockenfrüchte grob hacken. Mit Mandeln, Grand Marnier und Zucker über Nacht einweichen lassen.

Am nächsten Tag die Äpfel waschen und mit einem Apfelausstecher vom Kerngehäuse befreien. Die Äpfel jeweils in 8 gleichmäßige Ringe schneiden. Die Butter erhitzen und die Apfelringe darin goldbraun braten. Herausnehmen und abtropfen lassen.

Die Äpfel auf einer Platte anrichten und mit dem Tatar der marinierten Trockenfrüchte belegen. Mit Minzeblättchen dekorieren und mit Gabeln servieren.

Für 4 Portionen

100 g getrocknete Früchte (Feigen, Datteln, Bananen)
2 EL gemahlene Mandeln
6 EL Grand Marnier
1 EL Zucker
2 Äpfel
30 g Butter
Zum Dekorieren:
Minzeblättchen

Zubereitungszeit: *20 Minuten*
Einweichzeit: *über Nacht*

Tipp
Reichen Sie hierzu einen Grand-Marnier-Dip (siehe Seite 101)

Getrocknete Datteln sind ganzjährig in speziellen Früchte- oder Reformhäusern erhältlich.

Mousse au chocolat

mit Mascarpone

Die Kuvertüre in Stücke teilen und in einer Metallschüssel im heißen Wasserbad schmelzen lassen.

Die Eier trennen. In einer Schüssel Mascarpone, Eigelbe und 100 Gramm Zucker miteinander verrühren. Die geschmolzene Kuvertüre einrühren.

Eiweiß zu Eischnee steif schlagen und dabei den restlichen Zucker einrieseln lassen. Den Eischnee unter die Schokoladenmasse heben. Bis zum Verzehr in den Kühlschrank stellen.

Für 8 Portionen

150 g Halbbitterkuvertüre
5 Eier
250 g Mascarpone
150 g Zucker

Zubereitungszeit: *20 Minuten*

Tipp
Sie können die Mousse in eine Schüssel oder in Gläser füllen oder sie zum Füllen der Profiteroles auf Seite 119 verwenden.

Verwenden Sie für nicht erhitzte Süßspeisen immer nur absolut frische Eier.

Schokoladenfondue

für Schleckermäuler

Für 4 Portionen

400 g Früchte der Saison
80 g Vollmilchschokolade
80 g Zartbitterschokolade
3 EL Crème fraîche
1 EL Grand Marnier
1 EL Butter

Zubereitungszeit: *15 Minuten*

Die Früchte der Saison waschen, putzen und in gabelbissengerechte Stücke schneiden.

Beide Schokoladesorten in Stücke teilen und mit der Crème fraîche in einer Metallschüssel im heißen Wasserbad unter Rühren schmelzen lassen.

Grand Marnier und Butter unter Rühren unterziehen.

Die Schüssel am Rand nach Bedarf säubern und auf einen Rechaud setzen. Die Fruchtstücke und Fonduegabeln dazu reichen.

Das süße Tauchbad für feine Fruchtstückchen ist nicht nur für Kinder ein Vergnügen.

Gebackene Aprikosen

gefüllt mit Marzipan

Die Aprikosen waschen und trockentupfen. An der Naht zur Hälfte aufschneiden und den Stein so herausholen, dass die Früchte ganz bleiben. Das Marzipan mit dem Grand Marnier verrühren und die Aprikosen damit füllen.

Für den Backteig alle Zutaten miteinander verrühren; am schnellsten geht dies in einem Mixer.

Das Öl in einer Fritteuse oder einem hohen Topf auf 180 °C erhitzen. Die Aprikosen durch den Backteig ziehen und portionsweise in dem heißen Öl backen. Herausnehmen und abtropfen lassen.

Zimt und Zucker vermischen und die noch warmen Aprikosen darin wälzen. Mit Gabeln auf einer Platte anrichten und sofort servieren.

Für 4 Portionen

8 Aprikosen
100 g Marzipan
4 EL Grand Marnier
Für den Backteig:
160 g Mehl
2 Eier
1/8 l Weißwein
2 EL Öl
1 EL Zucker
Außerdem:
Öl zum Frittieren
Zimt und Zucker

Zubereitungszeit: *40 Minuten*

Die vollreifen Aprikosen lösen sich am besten vom Stein.

Reiskrapfen

für Groß und Klein

Für etwa 25 Stück

1 l Milch
45 g Butter
2 EL Grand Marnier
abgeriebene Schale von
1 unbehandelten Zitrone
60 g Zucker
300 g Milchreis
2 Eier
Außerdem:
Öl zum Frittieren

Zubereitungszeit: *45 Minuten*

Milch, Butter, Grand Marnier, Zitronenschale und die Hälfte des Zuckers unter ständigem Rühren zum Kochen bringen. Den Reis einrieseln lassen. Die Temperatur reduzieren und den Reis bei schwacher Hitze etwa 30 Minuten leise kochen lassen, bis er die Milch aufgesogen hat. Den Milchreis abkühlen lassen.

Die Eier trennen. Die Eigelbe unter den Reis rühren. Eiweiß zu Eischnee steif schlagen und unter den Milchreis heben.

Das Öl in einer Fritteuse oder in einem hohen Topf auf 180 °C erhitzen. Mit einem Löffel von der Reismischung so viel Masse abstechen, dass man gabelbissengerechte Häppchen erhält. Portionsweise in das heiße Fett geben und 3 Minuten goldbraun frittieren. Die Reiskrapfen mit einem Schaumlöffel herausnehmen und auf Küchenpapier abtropfen lassen.

Die Reiskrapfen auf einer Platte mit Gabeln anrichten und mit dem restlichen Zucker bestreuen.

Apfelküchlein

erfrischend säuerlich

Für 4 Portionen

Für den Teig:
250 g Mehl
1/4 l Milch
1 Prise Salz
2 Eier
1/4 l Weißwein
2 EL Calvados
Außerdem:
1 kg säuerliche Äpfel
100 g Butter
Zucker und Zimt

Zubereitungszeit: 30 Minuten

Für den Teig das Mehl in eine Schüssel sieben. Die Milch einrühren, so dass ein dicker Teig entsteht. Salz, Eier, Wein und Calvados schnell einrühren.

Die Äpfel waschen, schälen, die Kerngehäuse mit einem Apfelausstecher entfernen und das Fruchtfleisch in runde Scheiben schneiden.

Die Butter in einer hohen Pfanne portionsweise erhitzen. Die Apfelscheiben portionsweise in den Teig tauchen und in der heißen Butter etwa 2 Minuten pro Seite goldbraun braten. Herausnehmen und auf Küchenkrepp abtropfen lassen.

Die Apfelküchlein auf einer Platte mit Gabeln anrichten und mit einer Mischung aus Zucker und Zimt bestreuen.

Tipp

Apfelküchlein kann man gut einfrieren und bei Bedarf im Backofen wieder aufbacken. Auch hier gilt, dass Zimt und Zucker erst kurz vor dem Verzehr darüber gestreut werden.

Erdbeeren

im Backteigmantel

Für 6 Portionen

Für den Teig:
250 g Mehl
1 TL Backpulver
1/4 l Milch
3 Eier
100 g flüssige Butter
3 EL Zucker
1 TL Zimtpulver
1 EL Grand Marnier
Außerdem:
500 g Erdbeeren
200 g Butterschmalz
Puderzucker

***Zubereitungszeit:** 25 Minuten*

Für den Teig Mehl und Backpulver in eine Schüssel sieben. Milch, Eier, Butter, Zucker, Zimtpulver und Grand Marnier einrühren.

Die Erdbeeren waschen und trockentupfen. Butterschmalz in einer hohen Pfanne erhitzen. Die Erdbeeren einzeln durch den Teig ziehen und im heißen Butterschmalz schwimmend golden ausbacken. Die gebackenen Erdbeeren auf Küchenpapier abtropfen lassen.

Die Erdbeeren mit Gabeln auf einer Platte anrichten. Mit Puderzucker bestäuben und sofort servieren.

Info
Den Teig nur so kurz wie möglich rühren, sonst wird er beim Backen zäh. Wer ihn etwas lockerer haben möchte, der zieht zunächst nur die Eigelbe unter den Teig und lässt diesen bis zu 1 Stunde ruhen. Anschließend wird das Eiweiß zu Eischnee steif geschlagen und kurz vor der Verwendung unter den Teig gezogen.

Stangenzimt verwendet man gerne zu Glühwein oder Punsch. Fein zu Zimtpulver zermahlen ist er vielseitiger einsetzbar.

Mini Crêpes

mit Kakao

Für 4 Portionen

70 g Butter
150 g Mehl
2 EL Kakaopulver
200 ml Milch
1 EL Grand Marnier
2 Eier
2 EL Zucker
1 Prise Salz

Zubereitungszeit: *30 Minuten*

Die Butter zerlassen. Das Mehl in eine Schüssel sieben. Kakaopulver und Milch zugeben und alles zu einem glatten Teig rühren. Nacheinander gut 2/3 der flüssigen Butter, Grand Marnier, Eier, Zucker und eine Prise Salz einrühren, bis eine homogene Masse entstanden ist.

Eine beschichtete kleine Pfanne mit der restlichen flüssigen Butter auspinseln. Portionsweise wenig Teig in die Pfanne geben und diese schwenken, bis der Boden bedeckt ist. Die Crêpes von beiden Seiten goldbraun backen.

Tipp

Falls es gehaltvoller sein darf, füllen Sie die Crêpes mit Schlagsahne oder Mascarpone-Schokoladen-Mousse von Seite 109! Falls Sie keine kleine Pfanne haben, können Sie die Crêpes auch halbieren.

Crêpes sind nur hauchdünn gebacken eine wahre Köstlichkeit.

Mini-Kiwi-Pfannkuchen

nicht nur für Kinder

Für etwa 24 Stück

250 g Mehl
20 g frische Hefe
1/4 l Milch
30 g Zucker
abgeriebene Schale von 1 Zitrone
50 g weiche Butter
2 EL Cointreau
3 Eier
8 Kiwis
Außerdem:
etwas Butterschmalz

Zubereitungszeit: *35 Minuten*

Das Mehl in eine Schüssel sieben und in die Mitte eine Mulde drücken. Die Hefe darin zerbröckeln. Etwas Milch und Zucker zufügen und die Hefe unter Rühren auflösen. Die restliche Milch, den restlichen Zucker, die Zitronenschale, die Butter, den Cointreau und die Eier zugeben und alles zu einem homogenen Teig rühren.

Den Teig zu einer Kugel formen, zudecken und 20 Minuten an einem warmen Ort gehen lassen.

Die Kiwis schälen und in kleine Würfel schneiden. Die Kiwistücke unter den Teig mischen. Den Teig nochmals 10 Minuten gehen lassen.

In einer beschichteten Pfanne Butterschmalz erhitzen. Aus dem Teig kleine Pfannküchlein formen und im Butterschmalz von beiden Seiten etwa 4 Minuten goldbraun braten. Herausnehmen, auf einer Platte mit Gabeln anrichten und sofort servieren.

Frische Eier und feinster Zucker sind in der »süßen Küche« unverzichtbar.

Gratinierte Pfirsiche

warm oder kalt ein Genuss

Für 6 Portionen

Für den Teig:
80 g weiche Butter
80 g gemahlene Mandeln
1 Eiweiß
50 g Zucker
Außerdem:
6 Pfirsiche
etwas Butter für die Form

Zubereitungszeit: *55 Minuten*

In einer Schüssel Butter, Mandeln, Eiweiß und Zucker verrühren, bis ein homogener Teig entstanden ist.

Die Pfirsiche waschen, schälen, halbieren und vom Kern befreien. In jede Pfirsichhälfte 1 Esslöffel Mandelmasse geben.

Den Backofen auf 140 °C (Umluft 120 °C, Gas Stufe 1) vorheizen. Eine feuerfeste Pfanne oder eine Kuchenform ausbuttern und die Pfirsiche hineingeben.

Die Pfirsiche im heißen Backofen 40 Minuten gratinieren lassen. Herausnehmen und abkühlen lassen.

Tipp
Dies ist ein wunderschönes Dessert, dass man sehr gut vorbereiten kann; auch toll im Sommer zum Picknick!

Profiteroles mit Schlagsahne

und Schokoladenglasur

Für den Teig die Butter würfeln. Mit Milch, 100 Milliliter Wasser, Zucker und Salz in einem großen Topf bei mittlerer Hitze unter ständigem Rühren erhitzen. Kurz aufwallen lassen und von der Kochstelle nehmen. Das Mehl auf einen Schlag unter Rühren in die kochende Flüssigkeit geben. Den Topf wieder auf die Kochstelle setzen und bei schwacher Hitze ständig weiterrühren, bis sich der Teig als Kloß vom Topfboden löst. Den Topf von der Kochstelle nehmen und die Masse kurz abkühlen lassen.

Nacheinander die Eier unter den Teig rühren, dabei darauf achten, dass sie sich jeweils gut mit ihm vermischen, bevor das nächste folgt. Der Teig soll glatt und homogen sein.

Den Backofen auf 200 °C (Umluft 180 °C, Gas Stufe 3–4) vorheizen. Ein Backblech mit etwas Butter auspinseln. Den Teig in einen Spritzbeutel füllen und darauf alle 3 Zentimeter eine Kugel setzen. Das Gebäck im heißen Backofen etwa 15 Minuten backen. Von den noch warmen Profiteroles etwa das obere Drittel als Deckel abschneiden. Auskühlen lassen.

Für die Glasur die Kuvertüre im Wasserbad mit 2 Esslöffeln Wasser schmelzen lassen. Die Butter einrühren. Die Sahne steif schlagen und die Profiteroles damit füllen. Jeweils die Deckel aufsetzen. Mit der lauwarmen Schokoladensauce nappieren.

Für 12 Stück

Für den Teig:
75 g Butter
150 ml Milch
1 EL Zucker
1 Prise Salz
150 g Mehl
4 Eier
Für die Füllung:
500 g Sahne
Für die Glasur:
200 g Halbbitterkuvertüre
50 g Butter
Außerdem:
etwas Butter für das Blech

Zubereitungszeit: *50 Minuten*

Schokoladenhäppchen

zum Nachmittagskaffee

Für etwa 20 Stück

175 g Bitterschokolade
80 g Butter
4 Eier
150 g Zucker
3 EL Speisestärke
100 g gemahlene Mandeln
3 EL Kakaopulver
1 EL Kaffeeextrakt
Außerdem:
Kakaopulver zum Bestauben

Zubereitungszeit: *60 Minuten*

Die dunkle, intensiv schmeckende Bitterschokolade ist ideal für diverse Desserts.

Schokolade in Stücke teilen und in einer Metallschüssel im heißen Wasserbad schmelzen lassen. Sobald die Schokolade cremig ist, die Schüssel aus dem Wasserbad nehmen und die Butter in kleinen Stücken unter die Schokolade mischen.

Die Eier trennen. Eigelbe und Zucker miteinander mit einem Schneebesen so lange schlagen, bis die Mischung weißlich wird. Speisestärke, Schokolade, Mandeln, Kakaopulver und Kaffeeextrakt unterrühren.

Den Backofen auf 170 °C (Umluft 150 °C, Gas Stufe 2) vorheizen. Eine viereckige Kuchenform ausbuttern.

Eiweiß zu Eischnee steif schlagen und vorsichtig unter die Schokoladenmasse heben. Den Teig in die Form füllen und im heißen Backofen etwa 30 Minuten backen.

Den Kuchen aus der Form nehmen und auf einem Kuchengitter abkühlen lassen. Mit einem Sägemesser den Kuchen in gabelbissengerechte Stücke schneiden und mit Kakaopulver bestäuben.

Tipp
Reichen Sie zu den Schokoladenhäppchen einen Grand-Marnier-Dip (siehe Seite 101).

Apfeltarte

aus meiner Heimat

Blätterteig etwa 15 Minuten auftauen lassen. Backofen auf 220 °C (Umluft 200 °C, Gas Stufe 4–5) vorheizen. Den Teig auf einer leicht bemehlten Arbeitsfläche dünn ausrollen. Eine Kuchenform mit kaltem Wasser ausspülen und den Teig einlegen. Mit einer Gabel einstechen.

Die Äpfel waschen, Stielansätze und Kerngehäuse entfernen und Fruchtfleisch vierteln. Die Viertel längs in dünne Scheiben schneiden und diese dachziegelartig auf den Teigboden legen. Die Butter in Flöckchen und den Zucker darauf verteilen. Die Walnüsse darüber geben.

Den Kuchen im heißen Backofen 35 Minuten backen. Herausnehmen. Die Orangenmarmelade mit 1 Esslöffel Wasser glatt rühren und kurz aufkochen lassen. Den Kuchen mit der Orangenglasur bepinseln.

Für eine Kuchenform von 28 cm Ø

1 Paket TK-Blätterteig
7 Äpfel
100 g Butter
80 g brauner Zucker
4 EL gehackte Walnüsse
Außerdem:
Mehl für die Arbeitsfläche
4 EL Orangenmarmelade

Zubereitungszeit: *1 Stunde*

Die Apfeltarte in gabelgroße Stücke schneiden oder von vornherein mehrere kleine Tarteletts backen.

Zitronenbisquit

säuerlich-süß

Für 6 Portionen

90 g Butter
2 Eier
100 g Mehl
60 g Zucker
60 g Sahne
1 Päckchen Trockenhefe
Schale von 2 unbehandelten Zitronen
Außerdem:
Saft von 1 Zitrone

Zubereitungszeit: *40 Minuten*

Den Backofen auf 160 °C (Umluft 140 °C, Gas Stufe 1) vorheizen. Die Butter zerlassen. Eine runde Kuchenform mit etwas Butter ausfetten.

In einer Schüssel Butter, Eier, Mehl, Zucker, Sahne, Hefe und Zitronenschale miteinander verrühren.

Den Teig in die Kuchenform füllen. Die Form in den heißen Backofen stellen und den Kuchen etwa 20 Minuten backen. Die Form aus dem Backofen holen.

Den noch warmen Kuchen mit Zitronensaft beträufeln, auf eine Platte stürzen und abkühlen lassen. Den Zitronenbisquit in gabelbissengerechte Stücke schneiden und mit Gabeln servieren.

Tipp
Probieren Sie den Kuchen mit etwas Lavendelhonig, den man vor dem Verzehr darüber träufelt.

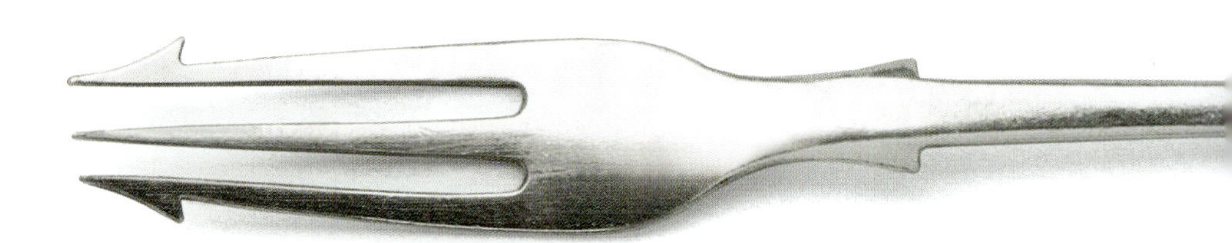

Kürbiskuchen

mit Safran

Das Kürbisfruchtfleisch würfeln. Mit etwa 200 Milliliter Wasser 15 Minuten in einem geschlossenen Topf dämpfen, bis das Fleisch sehr weich ist. Den Kürbissaft abtropfen lassen und das Kürbisfleisch in einem Mixer fein pürieren. Calvados und Safran untermischen.

Den Backofen auf 190 °C (Umluft 170 °C, Gas Stufe 3) vorheizen. Die Kuchenform mit Butter ausfetten.

Die Eier trennen. Eigelbe und Zucker zu einer schaumigen Masse aufschlagen. Das gewürzte Kürbispüree unter die Eigelbmasse rühren. Nach und nach die beiden Mehlsorten unterarbeiten.

Eiweiß zu Eischnee steif schlagen und unter die Kürbismasse heben. Den Teig in die Kuchenform füllen. Die Form in den heißen Backofen stellen und den Kuchen 40 Minuten backen.

Den Kürbiskuchen abkühlen lassen. In gabelbissengerechte Stücke schneiden und mit Gabeln servieren.

Für eine Kuchenform von 24 cm Ø

1 kg Kürbisfruchtfleisch
2 EL Calvados
1 TL Safranpulver
4 Eier
150 g Zucker
60 g Maismehl
30 g Weißmehl
Außerdem:
etwas Butter

Zubereitungszeit: *1 Stunde*

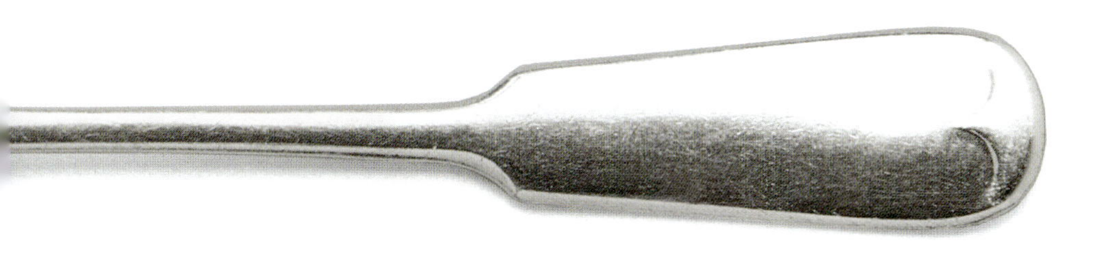

Möhrenkuchen

nicht nur zum Picknick

Für 6 Portionen

300 g Möhren
300 ml Speiseöl
200 g Zucker
3 Eier
1 Messerspitze Salz
50 g gemahlene Mandeln
50 g gemahlene Haselnüsse
100 g Rosinen
2 TL Zimtpulver
Außerdem:
etwas Butter für die Form
20 g Mehl

Zubereitungszeit:
1 Stunde 20 Minuten

Die Möhren waschen, schälen und reiben. Den Backofen auf 160 °C (Umluft 140 °C, Gas Stufe 1–2) vorheizen.

Öl, Zucker, Eier und Salz in einer Schüssel so lange schlagen, bis eine homogene Masse entstanden ist. Mandeln, Haselnüsse, Rosinen, Zimt und die Möhren zufügen und alles gut vermischen.

Eine runde Kuchenform mit Butter ausfetten und mit Mehl ausstauben. Die Möhrenmasse in die Form füllen und die Oberfläche glatt verstreichen. Den Kuchen im heißen Backofen etwa 1 Stunde backen.

Den Kuchen abkühlen lassen, in gabelbissengerechte Stücke schneiden und mit Gabeln servieren.

Die fein geraspelten Möhren geben dem Möhrenkuchen eine schöne Farbe, Biss und Saftigkeit.

Rezeptregister

Der Autor
Patrick Coudert schloss seine Ausbildung bei Paul Bocuse als bester Lehrling Frankreichs ab. Es folgten Stationen in Spitzenhäusern in London, New York und Montréal. Schließlich wurde er jüngster Küchenchef Deutschlands mit einem Michelin-Stern. Später erkochte er sich einen zweiten Stern. Bei der Führung eigener Restaurants in Frankreich und Deutschland (in Krefeld und in Prien am Chiemsee) ist der Sternekoch der französischen Küche immer treu geblieben. Wichtig sind ihm stets Frische und Qualität der Produkte. »Man sollte nicht vorher festlegen, was man einkaufen wird, sondern sich auf dem Markt inspirieren lassen.«

Die Fotografin
Angela Francisca Endress lebt und arbeitet als künstlerische Fotografin in der Nähe von Frankfurt am Main. Nach dem Studium an der Hochschule für Bildende Künste in Kassel war sie u. a. fünf Jahre im Fotostudio der Porzellanmanufaktur Rosenthal in Selb tätig. Nach elfjähriger Partnerschaft in einer Frankfurter Fotostudiogemeinschaft hat sie 1992 ihr eigenes künstlerisches Studio eröffnet.

Bildnachweis
Alle Bilder,sowie die Freisteller von den Seiten 12, 16, 24, 30, 38, 44, 51, 54, 72, 107, 126 stammen von Angela Francisca Endress (Usingen), außer: Kerth Ulrich, München: 63; Südwest Verlag, München: 10, 82, 101 (Rainer Hofmann), 18, 120 (Amos Schliack), 37 (Karl Newedel), 69 (Kargl/Schoenenburg), 89 (Chr. Kargl), 104 (Kai Mewes), 111 (Bodo Schieren)

Hinweis
Das vorliegende Buch ist sorgfältig erarbeitet worden. Dennoch erfolgen alle Angaben ohne Gewähr. Weder Autor noch Verlag können für eventuelle Fehler oder Schäden, die aus den im Buch gegebenen praktischen Hinweisen resultieren, eine Haftung übernehmen.

Dank
Wir danken der Firma WMF AG, Geislingen für die freundliche Unterstützung.

Impressum

Redaktion: Dr. Ute Paul-Prößler
Projektleitung: Susanne Kirstein
Bildredaktion: Ute Schoenenburg
Layout und Umschlag: Manuela Hutschenreiter
DTP/Satz: Andreas Rimmelspacher
Produktion: Manfred Metzger (Leitung), Annette Aatz

Printed in Italy

Gedruckt auf chlor- und säurearmem Papier

ISBN 3-517-06280-4